China's Science Technology and Innovation Internationalization Index Report 2022

中国科技创新国际化指数研究报告

2022

中国科学技术交流中心　编著

科学技术文献出版社
SCIENTIFIC AND TECHNICAL DOCUMENTATION PRESS
·北京·

图书在版编目（CIP）数据

中国科技创新国际化指数研究报告. 2022 = China's Science Technology and Innovation Internationalization Index Report 2022 / 中国科学技术交流中心编著. —北京：科学技术文献出版社，2023. 9

ISBN 978-7-5235-0420-8

Ⅰ.①中… Ⅱ.①中… Ⅲ.①技术革新—指数—研究报告—中国—2022 Ⅳ.①F124.3

中国国家版本馆 CIP 数据核字（2023）第 120631 号

中国科技创新国际化指数研究报告2022

策划编辑：陈梅琼　　责任编辑：韩　晶　　责任校对：张　微　　责任出版：张志平

出　版　者　科学技术文献出版社
地　　　址　北京市复兴路15号　邮编　100038
编　务　部　（010）58882938，58882087（传真）
发　行　部　（010）58882868，58882870（传真）
邮　购　部　（010）58882873
官 方 网 址　www.stdp.com.cn
发　行　者　科学技术文献出版社发行　全国各地新华书店经销
印　刷　者　北京时尚印佳彩色印刷有限公司
版　　　次　2023 年 9 月第 1 版　2023 年 9 月第 1 次印刷
开　　　本　889 × 1194　1/16
字　　　数　120千
印　　　张　7.5
书　　　号　ISBN 978-7-5235-0420-8
审　图　号　GS京（2023）1664号
定　　　价　68.00元

《中国科技创新国际化指数研究报告 2022》

编委会

主　任：高　翔

副主任：赵　为　庄　嘉　富　贵

委　员：（按姓氏笔画排列）

朱晓暄　陈　雄　董克勤　颜晓虹

专家组

指导专家：（按姓氏笔画排列）

关成华　张　旭　陈　劲　梁　正　潘教峰

咨询专家：（按姓氏笔画排列）

王海成　玄兆辉　任孝平　安　磊　孙云杰
杨震宁　张志娟

编写组

组　长：朱晓暄

副组长：杨　修

成　员：（按姓氏笔画排列）

马云飞　王雨晴　方　慈　田晓翌　刘　洋
李依依　李寒凝　赵　峥　高立菲　高海洋
康志男　蒋自然

前　言

党的二十大报告提出，要扩大国际科技交流合作，加强国际化科研环境建设，形成具有全球竞争力的开放创新生态。深化国际科技合作既是构建新发展格局、加快建设现代化产业体系的必然要求，也是赢得国家发展优势和国际竞争新优势，开辟新领域、制胜新赛道的关键举措。当前，世界百年未有之大变局加速演进，世界之变、时代之变、历史之变正以前所未有的方式展开，新一轮科技革命和产业变革深入发展，加强国际科技交流合作的紧迫性和重要性进一步突显。

为深入贯彻落实党的二十大报告指示精神，落实党中央的重大科技战略部署，中国科学技术交流中心立足创新发展实际、突出开放合作特色，主动探索、组织力量、认真研究，首次编制了本报告，以全面客观地反映我国构建开放创新生态的现状及全国各地区国际科技交流合作特征。

本报告共包括六章内容。第一章为总论，总体描述了全国 31 个省、自治区、直辖市科技创新国际化的水平与特征，宏观把握当前我国科技创新国际化发展的总体情况，归纳我国科技创新化的区域特点。第二、三章研究提出了科技创新国际化评价的理论框架，探索构建了科技创新国际化评价的指标体系，设立了国际创新合作基础、创新要素跨国流动、开放创新环境 3 项一级指标，科技创新实力、创新市场活跃度、创新合作载体、人才要素、资金要素、知识要素、技术要素、区域发展水平、制度环境、经济开放度等 10 项二级指标和 34 项三级指标。第四、五、六章为科技创新国际化评价结果，基于 2020 年官方权威统计数据对全国 31 个省、自治区、直辖市科技创新国际化水平进行测度分析，在此基础上，分维度对各地区发展水平进行了具体评价，并选取京津冀、长三角、粤港澳大湾区、成渝等重点城市群进行了比较研究。

本报告的研究结论将为各地区发挥开放创新优势、补充科技合作“短板”提供依据，为国家优化科技创新国际化总体布局、地方开展国际科技交流合作提供参考，对于新时代扩大国际科技交流合作、构建具有全球竞争力的开放创新生态具有重要的理论和现实意义。

由于本报告涉及的指标数量较多，数据量较大，编者在整理归纳过程中难免存在疏漏、偏颇之处，敬请专家及同行学者批评指正。

编写组

2023 年 9 月

目　录

Contents

中国科技创新国际化指数研究报告2022

第一章 总论

党的二十大报告提出，要坚持创新在中国现代化建设全局中的核心地位，并强调要扩大国际科技交流合作，加强国际化科研环境建设，形成具有全球竞争力的开放创新生态。当前，全球科技创新进入空前密集活跃的时期，以数字化、智能化、绿色化为特点的新一轮科技革命和产业变革加速演进和拓展，科学研究范式正在发生深刻变革，科学、技术与产业加速循环迭代，知识、人才、资金、技术、信息等创新要素加速在全球范围内流动与配置，科技创新国际化发展趋势日益明显，协同创新、合作创新、开放创新已成为不可阻挡的新潮流。

党的十八大以来，以习近平同志为核心的党中央高度重视科技创新，把科技创新摆在了国家发展全局的核心位置，全面、系统、辩证地把握自主创新与开放创新，以全球视野谋划和推动科技创新，实施更加开放包容、互惠共享的国际科技合作战略，积极主动融入全球创新网络。近些年，中国不断深化科技对外开放，努力打破人才、资金、技术等资源要素流动壁垒，积极主动融入全球创新网络，支持北京、上海、粤港澳大湾区国际科技创新中心建设，努力打造世界科学前沿领域和新兴产业技术创新、全球科技创新要素的汇聚地，深度参与全球科技治理，实现了中国科技创新国际化水平的有效提升。

在此背景下，立足中国国际科技交流合作发展实际，构建科学合理的中国科技创新国际化评价指标体系，全面、科学、准确地描述和反映中国各地区科技创新国际化的水平与特征，宏观把握当前中国各地区国际科技交流合作的总体情况，深入挖掘各地区优势，找准合作“短板”，可为地方开展国际科技交流合作提供参考，对于新时代扩大国际科技交流合作、构建具有全球竞争力的开放创新生态、实现高水平科技自立自强具有重要的理论和现实意义。

本报告从国际创新合作基础、创新要素跨国流动、开放创新环境三个维度构建了科技创新国际化指标体系，以中国 31 个主要省级行政区①为分析单元，以 2020 年数据为基础，对各地区科技创新国际化发展实力及各分维度发展水平进行评价，并选取京津冀、长三角、粤港澳大湾区、成渝等重点城市群进行了具体分析。

一、中国科技创新国际化指数排名

中国科技创新国际化评价指标体系包括 3 项一级指标、10 项二级指标、34 项三级指标。一级指标分别为国际创新合作基础、创新要素跨国流动和开放创新环境。国际创新合作基础下属 3 项二级指标分别为科技创新实力、技术市场活跃度和创新合作载体。创新要素跨国流动下属 4 项二级指标，分别为人才要素、资金要素、知识要素和技术要素。开放创新环境下属 3 项二级指标分别为区域发展水平、制度环境和经济开放度。在中国科技创新国际化评价指标体系框架下，本报告采用了熵权法与德尔菲法相结合的权重设计方法对指标权重进行测算。首先，本报告采用熵权法，从数理统计学意义上计算出一套指标权重系数。其次，在上述基础上，本报告邀请专家对指标系数进行研讨和评议，结合指标实际意义对不合理的指标权重进行适度调整，最终确定指标权重系数。最后，结合指标权重系数，测算 2020 年中国 31 个省、自治区、直辖市科技创新国际化水平并进行综合排名，排名结果如下②。

（一）总指数排名

中国科技创新国际化指数排名前10位的省级行政区依次为北京、上海、江苏、广东、

① 因港澳台相关数据统计口径不一致，故未参与评价。

② 因西藏相关指标数据存在缺失，本报告对其进行特殊化处理，仅对总指数和一级指标进行排名，指数暂不显示，具体排名如表 4-1 所示，之后不再说明。

浙江、天津、山东、湖北、四川、福建。

中国科技创新国际化指数为第 11 ～ 20 位的省级行政区依次为重庆、陕西、安徽、湖南、江西、辽宁、河南、海南、河北、黑龙江。

中国科技创新国际化指数排名在第 20 位之后的省级行政区依次为吉林、山西、宁夏、广西、云南、新疆、甘肃、贵州、青海、内蒙古、西藏。

（二）一级指标排名

国际创新合作基础指数排名前 10 位的省级行政区依次为北京、江苏、广东、浙江、上海、山东、天津、湖北、陕西、安徽。第 11 ～ 20 位的省级行政区依次为四川、河北、湖南、河南、福建、辽宁、重庆、黑龙江、吉林、江西。排名在第 20 位之后的省级行政区依次为甘肃、山西、宁夏、云南、贵州、青海、广西、内蒙古、新疆、海南、西藏。

创新要素跨国流动指数排名前 10 位的省级行政区依次为北京、上海、江苏、广东、山东、浙江、湖北、四川、天津、辽宁。第 11 ～ 20 位的省级行政区依次为福建、陕西、黑龙江、安徽、重庆、河南、海南、吉林、湖南、江西。排名在第 20 位之后的省级行政区依次为甘肃、广西、新疆、河北、云南、贵州、山西、宁夏、内蒙古、青海、西藏。

开放创新环境指数排名前 10 位的省级行政区依次为上海、北京、广东、江苏、浙江、天津、重庆、福建、四川、江西。第 11 ～ 20 位的省级行政区依次为山东、湖南、安徽、陕西、海南、湖北、河北、河南、辽宁、山西。排名在第 20 位之后的省级行政区依次为宁夏、广西、吉林、新疆、云南、黑龙江、青海、贵州、内蒙古、甘肃、西藏。

二、中国科技创新国际化发展的总体情况

近年来，中国主动融入全球创新网络，深化国际科技交流合作，科技创新国际化发展取得显著成绩，呈现出“国际创新合作基础稳固、创新要素跨国流动活跃、开放创新环境良好”的总特点，具体如下。

第一，国际创新合作基础稳固。科技创新投入明显加强，2020 年中国全社会

R&D 经费投入强度 2.4%，创近 10 年新高，北京、上海、天津、广东、江苏、浙江、陕西等多个省级行政区全社会 R&D 经费投入强度明显超过全国平均水平。各地区科技成果产出各有亮点，北京、天津、上海、江苏等东部主要省级行政区在科技论文、发明专利申请数量上表现突出。其中，北京拔得头筹，当年每万人发表科技论文数量达 32.5 篇，每万名从业人员发明专利申请数量 124.6 件，明显高于全国平均水平；黑龙江、浙江、宁夏在高技术产业创新上表现突出，当年高技术产业新产品销售收入占主营业务比重均超过 50%。国内技术交易市场活跃，中国技术交易合同规模逐年增长，当年技术交易合同规模高达 56 503 亿元，国家技术转移机构数量超过 420 家，其中北京、江苏、广东等东部主要省级行政区技术交易规模较大，技术市场交易频繁、活跃。开放创新合作载体丰富，当年已建国家和地方国际科技合作基地数量超 2000 家，全国高技术产业外资企业办研发机构数量 1532 家，国内创新合作企业占全部企业比重 21.4%。

第二，创新要素跨国流动活跃。高技术行业留学归国人员持续流入，2020 年中国高新技术企业中留学归国人员数量 17.5 万人，较 2019 年增加约 3.1 万人，北京、上海、广东高新技术企业颇受归国留学生青睐。国际合作资金投入强度不断增加。国际科技合作项目经费规模不断增加，对境外机构研发支出比例不断增加。以对境外机构研发支出为例，2020 年中国对境外机构支出占 R&D 经费外部支出比例达 9.15%，较 2019 年增长了约 3%。国际技术交易市场活跃，当年我国国际技术贸易规模达 589.05 亿美元，技术贸易逆差持续，达 47.7 亿美元，国内技术进口需求旺盛，北京、上海、广东、江苏、浙江等东部主要省级行政区技术贸易规模高，国际技术交易市场更为活跃。

第三，开放创新环境良好。国内各地区经济繁荣发展，2020 年中国经济总量突破 101 万亿元，人均 GDP 超过 7.2 万元，制造业转型升级明显，现代服务业发展势头强劲，第二产业、第三产业增加值较 2019 年分别增长 2.6% 和 2.1%，占国内生产总值比例分别为 37.8% 和 54.5%。高水平对外开放持续推进，我国不断深化经贸领域对外合作，对外贸易开放度总体水平超过 30%，市场化、法治化、国际化的营商环境加速培育，其中北京、天津、上海、浙江、广东等东部主要省级行政区经贸领域开放度超过国内平均水平，位居全国前列。

三、中国科技创新国际化的区域特点

（一）中国科技创新国际化发展呈现明显的“东南高、西北低”的空间分布格局

中国科技创新国际化水平呈现明显的区域差异。中国区域科技创新国际化发展呈现出显著的“东南高、西北低”的总体空间分布特征，与中国区域经济发展格局基本一致。东部沿海地区和长江经济带地区的科技创新国际化水平显著高于其他地区，两者交错在空间上形成“T”字形中国区域科技创新国际化发展的主轴（图 1–1）。

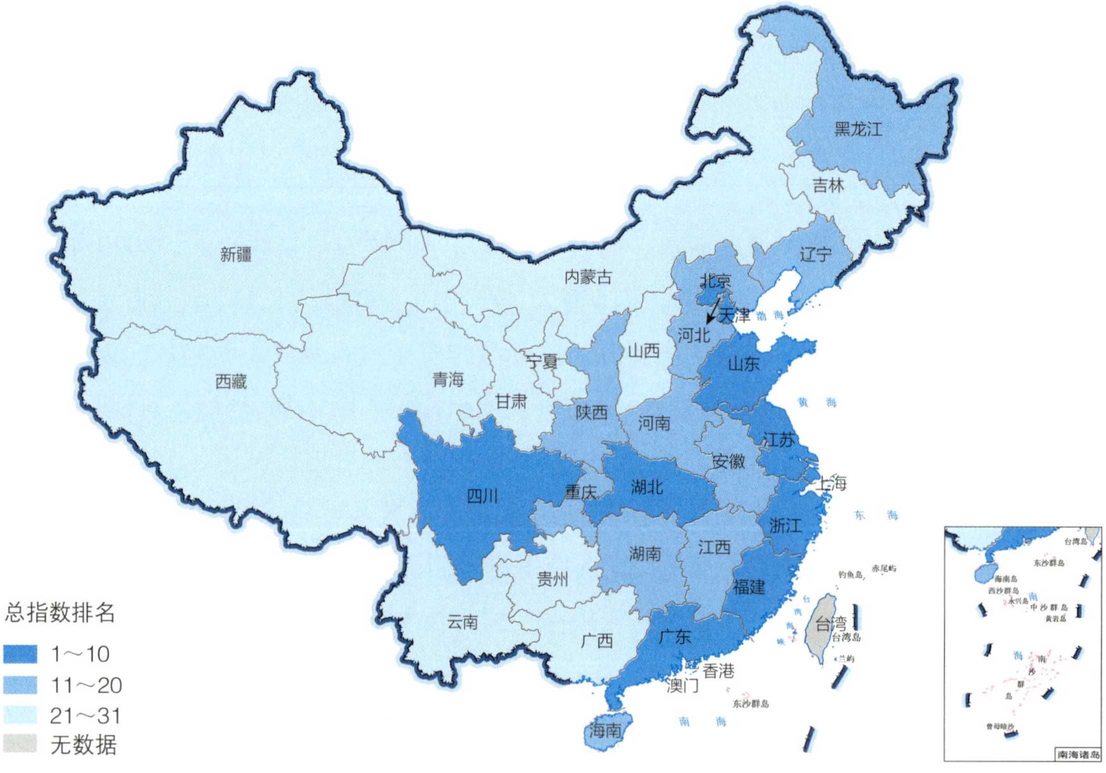

图1–1　中国主要省级行政区科技创新国际化水平空间分布

从四大地区划分角度看，东部地区科技创新国际化水平遥遥领先，2020 年东部地区科技创新国际化综合指数为 68.87，明显高于全国平均水平（60.06）。相比之下，除湖北、四川、重庆、陕西等个别省级行政区发展势头强劲，中西部和东北地区受区位、经济发展水平等多重因素影响，科技创新国际化发展速度相对较慢，科技创新国际化

水平有待进一步提升（图 1–2）。

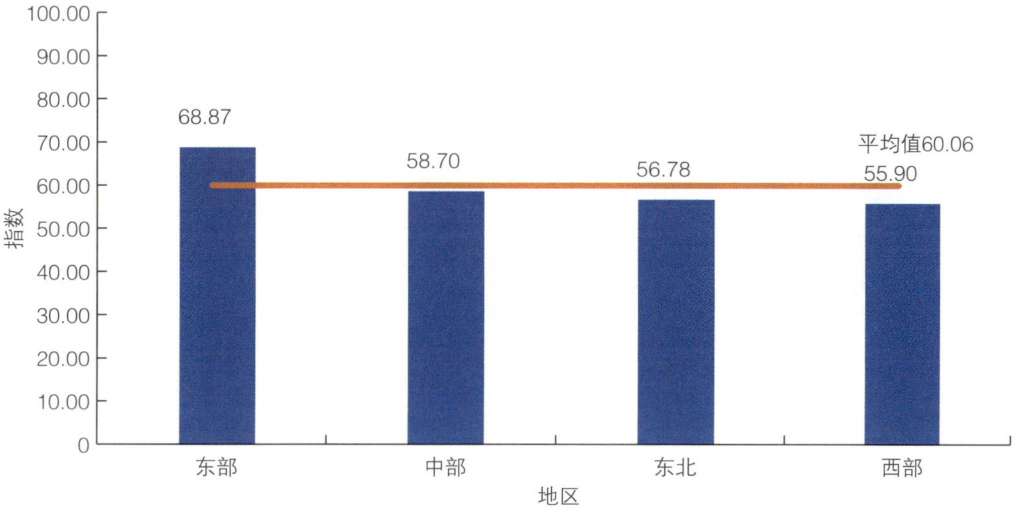

图1–2 四大地区科技创新国际化总指数比较

（二）主要城市群科技创新国际化发展各具特征，长三角协同联动、京津冀阶梯式发展、成渝优势互补

长三角城市群科技创新国际化总体水平最高，且三省一市之间发展差异相对较小，科技创新实力相对接近，国际创新合作协同联动性较强，是我国发展最为协调的城市群。京津冀城市群科技创新国际化水平呈现出明显的阶梯式分布特征，北京、天津和河北分列全国第 1 位、第 7 位和第 19 位，梯度差异十分明显。成渝城市群中四川和重庆发展水平相当，分列全国第 9 位和第 11 位，四川在国际创新合作基础和创新要素跨国流动两方面指标优于重庆，重庆在开放创新环境方面则更具优势，两者联动发展具有很强的互补潜力（图 1–3）。

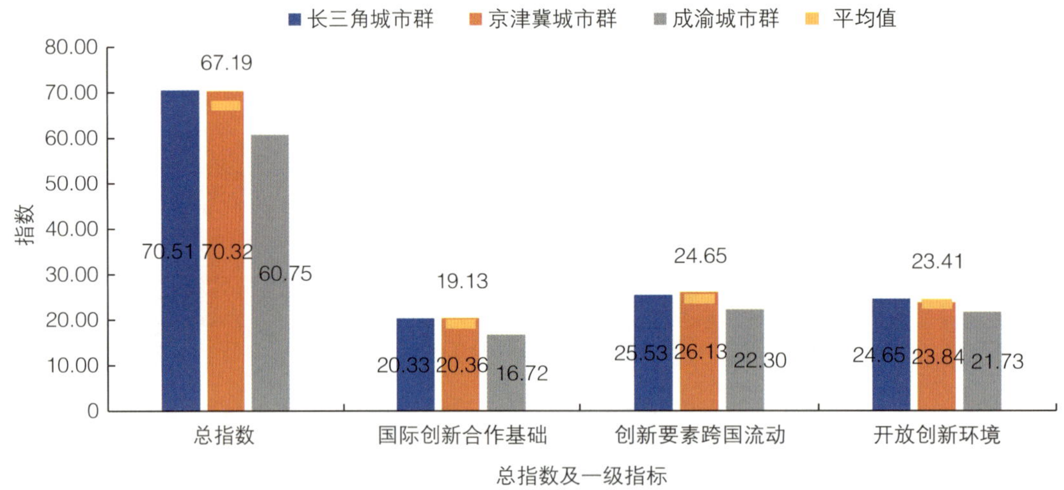

图1-3　重点城市群科技创新国际化总指数及一级指标情况

（三）东部地区科技创新国际化领跑全国，北京、上海、江苏、广东、浙江表现尤为亮眼

东部地区科技创新国际化水平整体领先，占据了全国前十的八个席位，十个省级行政区平均综合指数为68.87，北京、上海、江苏、广东、浙江在国际创新合作基础、创新要素跨国流动、开放创新环境上表现优异，具备明显优势，位列全国前五。北京综合指数为88.58，排名全国第1位，在国际创新合作基础和创新要素跨国流动上全国表现最佳，城市科技创新实力、资金、知识与技术要素跨国流动水平均位居全国首位，其中全社会R&D投入强度、每万人发表科技论文数量、ICT服务出口占地区出口总额比例等11项指标位居全国第一。上海综合指数为78.94，排名全国第2位，在开放创新环境上排名全国第1位，城市制度环境优越、经济开放度水平高，其中市场中介组织发育和法治环境、省会城市营商环境、贸易开放度、投资开放度等4项指标排名全国第1位。江苏综合指数为74.83，排名全国第3位，在国际创新合作基础和创新要素跨国流动上进入全国前三，城市技术市场活跃度、人才跨国流动水平排名全国第1位，在支持创新创业、促进科技人才交往上成绩显著，其省内创业投资机构、科技孵化器等创新合作载体数量居全国第2位，参加境外科技活动人数规模最高。广东综合指数为73.39，排名全国第4位，在国际创新合作基础和开放创新环境上均居全国第3位，省内创新合作载体数量居全国第1位，高技术领域引资力度大，其中高

技术产业外资企业办研发机构数量、国外技术引进合同金额均居全国首位。浙江综合指数为68.45，排名全国第5位，在国际创新合作基础、创新要素跨国流动、开放创新环境上发展相对均衡，省内技术市场活跃度最为突出，排名全国第3位，其中创业投资机构数量居全国首位（表1—1）。

表1—1 东部地区主要省级行政区科技创新国际化二级指标排名对比

地区	科技创新实力	技术市场活跃度	创新合作载体	人才要素	资金要素	知识要素	技术要素	区域发展水平	制度环境	经济开放度
北京	1	2	3	4	1	1	1	1	2	2
天津	3	12	10	12	3	17	8	4	9	4
河北	21	11	8	20	25	21	22	20	19	14
上海	2	6	9	2	2	2	5	2	1	1
江苏	4	1	2	1	4	3	4	3	5	8
浙江	5	3	4	8	7	6	7	6	6	5
福建	10	16	17	7	15	18	15	5	10	15
山东	11	5	5	16	11	9	2	9	14	11
广东	6	4	1	3	8	7	3	8	3	3
海南	28	30	29	5	27	26	20	14	25	7

（四）中部地区科技创新国际化追赶势头强劲，湖北示范带头作用显著

中部地区坚持创新发展，着力打造内陆高水平开放平台，依托自身特色优势开展科技交流合作、推动科技创新国际化发展。湖北居全国第8位，安徽、湖南、江西紧随其后进入全国十五强，分列第13位、第14位、第15位。湖北科技创新国际化综合指数为61.39，排名全国第8位，在国际创新合作基础和创新要素跨国流动上进入全国前十。同时，除了资金要素跨国流动、经济开放度、区域发展水平维度外，湖北在中部地区均处于领先地位，城市人才和知识要素跨国流动频繁、表现突出，其中国际专利申请数量占地区专利申请总数比例、高新技术企业外籍常驻人员数量占年末从业人员总数比例均进入全国前五。值得注意的是，尽管湖北开放创新环境水平在全国处于中游水平（第16位），但政府与市场关系指数较高，排名全国第5位。其他中部省级行政区科技创新国际化发展各具特色，在部分指标上呈赶超态势，例如，安徽

规模（限额）以上企业中创新合作企业比例上排名全国第 2 位；江西投资开放度水平排名全国第 2 位；河南在国外资金占 R&D 经费内部支出比例上排名全国第 3 位（表 1–2）。

表1–2 中部地区主要省级行政区科技创新国际化二级指标排名对比

地区	技术创新实力	创新市场活跃度	创新合作载体	人才要素	资金要素	知识要素	技术要素	区域发展水平	制度环境	经济开放度
山西	22	21	22	29	24	16	28	13	24	22
安徽	9	10	11	18	12	13	16	22	13	10
江西	18	20	16	11	22	25	14	21	16	6
河南	20	17	7	24	5	19	23	26	15	12
湖北	8	8	6	6	9	5	6	17	8	17
湖南	16	13	14	15	21	14	17	23	11	9

（五）西部地区科技创新国际化分级明显，四川、重庆、陕西为“领头羊”

西部地区以推进西部地区全面建设创新型省份为主线，着力打造各具特色的创新高地，加强开放创新合作，支持参与“一带一路”科技合作，着力提升西部地区开放创新能力。目前，西部地区科技创新国际化省际差距较大，形成了以川渝陕为龙头的阶梯式发展特征。四川进入全国前十，重庆、陕西紧随其后，分列全国第 11 位、第 12 位，其余八个省级行政区均排在全国第 20 位以后，与川渝陕形成了明显差距，科技创新国际化水平有待提升。四川作为支撑“一带一路”建设和长江经济带发展的战略纽带与核心腹地，综合指数为 61.12，排名全国第 9 位，在创新要素跨国流动和开放创新环境上进入全国前十，省内技术市场活跃度、制度环境、资金跨国流动等多个指标进入全国前十，尤其在人才引进、国际研发投入上表现突出，高新技术企业外籍常驻人员数量占年末从业人员总数比例、各地区国际科技合作项目经费投入分列全国第 4 位、第 3 位。重庆作为我国中西部地区唯一直辖市，综合指数为 60.37，在开放创新环境上优势明显，排名全国第 7 位，城市制度环境建设全国名列前茅，城市营商环境水平居全国第 4 位。陕西作为国家向西开放的重要枢纽，综合指数为 60.22，在国际创新合作基础上“走”在西部前列，排名全国第 9 位，省科技创新实力、技术市场活跃度均排在全国第 7 位，尤其在科技论文发表、技术交易上全国领先，每万人发表科技论文数量、技术合同成交额均进入全国前五。此外，陕西积极鼓励高质量知识产权创造，促进专利技术国际合作，在以专利为代表的知识要素跨国流动上表现突出，排名全国第 4 位（表 1–3）。

表1–3 西部地区主要省级行政区科技创新国际化二级指标排名对比

地区	科技创新实力	技术市场活跃度	创新合作载体	人才要素	资金要素	知识要素	技术要素	区域发展水平	制度环境	经济开放度
内蒙古	25	27	30	26	26	30	24	24	30	21
广西	30	23	25	19	18	20	21	25	21	20
重庆	12	19	15	13	20	15	12	7	4	18
四川	19	9	13	9	6	8	9	10	7	16
贵州	27	24	26	23	29	27	19	29	20	29
云南	26	26	19	25	23	22	25	30	18	23
陕西	7	7	12	17	16	4	13	12	12	13
甘肃	23	22	18	28	10	23	30	27	27	28
青海	24	28	28	30	30	29	29	15	29	30
宁夏	15	29	24	22	28	24	27	11	22	26
新疆	29	25	27	14	19	28	26	18	28	25

（六）东北地区科技创新国际化亮点突出，辽宁引领区域国际化发展

东北地区作为我国面向东北亚地区开放的重要窗口，坚持科技赋能，把科技创新作为振兴发展的主要动力，坚持开放创新，加强同东北亚国家科技合作，促进科技人才双向流动，在科技创新实力、资金与知识要素跨国流动上均拥有相对优势。例如，东北三省科技论文产出数量高，每万人发表科技论文数量均进入全国前十；国际研发投入力度大，黑龙江在对境外机构支出占 R&D 经费外部支出比例排名全国第 3 位，辽宁第 5 位、吉林第 7 位。从地区间比较看，辽宁科技创新国际化发展在东北地区处于领先地位，排名全国第 16 位，在创新要素跨国流动上实力相对突出，引才力度不断加大、科技人员国际交流频繁，其中在高新技术企业留学归国人员数量占年末从业人员总数比例、参加境外科技活动人数上指标排名均进入全国前十。黑龙江在高技术产业创新、国际技术转移上占据优势，高技术产业新产品销售收入占主营业务比重居

第 1 位、国家技术转移机构促成国际技术转移项目成交金额排名第 5 位。吉林国际专利申请数量占地区专利申请总数比例为 11.6%，紧随上海之后，排名第 4 位（表 1–4）。

表1–4　东北地区主要省级行政区科技创新国际化二级指标排名对比

地区	技术创新实力	创新市场活跃度	创新合作载体	人才要素	资金要素	知识要素	技术要素	区域发展水平	制度环境	经济开放度
辽宁	13	14	20	10	13	12	11	16	17	19
吉林	17	18	21	21	17	10	18	19	26	27
黑龙江	14	15	23	27	14	11	10	28	23	24

第二章 理论研究框架

一、相关概念

国际经济界和科技界学者普遍认为，经济和社会的全球化发展是与科学技术的进步和全球化分不开的，经济全球化是科学技术全球化的基础和动力。随着经济全球化的深入及信息技术、网络技术和运输技术的快速发展，各国在经济和技术上的相互依赖越来越深，人才、知识等创新要素也在全球范围内广泛流动和自由配置，科技创新活动逐渐突破特定地域限制，不同创新主体的交互作用、企业创新行为和科学家的研发活动越来越在国际范围乃至全球创新网络中展开。全球科学研究进入大科学时代，许多科学问题的范围、规模、复杂性不断扩大，已远远超出单一国家的承受能力，科学创新很难由单个机构或国家的财力和智力独自承担，全球范围的科技合作交流在不断加强，科技创新国际化已成为一种必然趋势。为此，与经济全球化密切相关的科技全球化、科技国际化问题已引起来学术界的广泛关注。

“科技全球化”的概念最早由日本通产省于 1990 年提出，用于许多日本政府自主的研发项目，鼓励外国公司参与，并开展一系列国际合作项目。此后，越来越多学者就科技的全球化、国际化等相关问题开始深入研究。达尼埃莱 · 阿尔基布吉（2000）提出，技术全球化包括国产技术的国际利用、创新的全球化生产和全球技术合作。约翰 · 坎特威尔等（1999）提出，科技的全球化让公司战略建立在技术开发国际集成方法的基础上，是以跨国企业研究开发机构根据内生技术专业化而进行的地理分散为特征的。中国科学技术发展战略研究院（2000）提出，科技全球化是在全球化的趋势下，各国（地区）科技共同协调与融合的发展过程，表现为科技问题的全球化、科技活动的全球化、科技体制的全球化和科技影响的全球化。江小涓（2004）认为，科技全球化表现为重大新技术、新产品成为跨国界多家企业技术的集合；呈现出以研发成果为产品的科技型企业，即研发活动也参与到经济全球化过程中，成为全球分工链条上的环节。白春礼（2013）认为，科技创新国际化是一个国家或研究机构积极参与全球科技合作与竞争、共同应对国际科技问题与挑战，并有效利用全球科技资源、加速提升自身创新能力的过程。

综上所述，尽管国内外学者们对科技全球化、科技国际化的理解存在着一定的差异，但关于科技全球化、科技国际化的基本内涵理解是一致的，具有如下几方面特点：一是科技资源配置的国际化，即科技研发资源在世界范围内进行优化配置，进而达到产出最大化的目的，包括了科技人才、资金、技术等创新要素。二是科技问题的国际化，即世界各国对全球问题的认同在不断提高，各国科学家和工程师作为一个整体所需探索和解决的主要问题也逐渐趋同，如人类共同的环境、能源、资源、健康等全球性问题。三是科技规则的国际化，即国际知识产权环境以及与贸易相关的知识产权制度，国际技术标准的制定、双多边国际经济与科技协议等正深刻影响着全球创新活动。遵循统一的科技伦理规范和相关制度准则，塑造新的、有利于各国发展的国际科技规则是世界各国必须面对的。四是研发的国际化，即许多领域的研发活动日益复杂和大规模化，必须在国际上寻求合作来共同推进科技进步。五是科技成果共享，即在既定条件和规则框架下，促进合作成果的国际交流与应用。

科技全球化与科技国际化，就像体系与其中一条链的关系。科技全球化反映的是全球范围内的科学技术协调与融合，是科学技术活动相关要素的体系，而科技国际化则反映的是少数国家间局部的科学技术合作与交流（姜照华等，2009）。基于上述研究，结合本报告的研究内容，我们认为，科技创新国际化是一个国家或地区内创新主体在特定创新环境约束下，依托区域内外创新资源要素整合和配置优化，主动融入全球创新网络，实施相关国际科技合作活动，共享合作成果，从而提升国家或地区的创新能力，实现创新水平加速提升和创新绩效明显放大的过程。

二、科技创新国际化评价的理论框架

经济全球化对传统创新范式产生深刻影响，“封闭式创新”正在向“开放式创新”加速转变。创新主体和外部环境的边界越来越模糊，创新的来源、主体、类型及实现创新收益的方式变得日趋多样化、复杂化，创新资源流动的边界不断扩大，越来越多跨组织、跨部门、跨地域的创新互动促成了各种形式的全球创新网络。在此背景下，越来越多的国家开始关注其在全球创新网络中的地位，尤其是对本国创新体系的外部开放度给予高度关注。国家或地区创新体系的开放性主要体现在科技创新国际化水平。因此，本报告在开放创新框架下，对科技创新国际化发展进行解构。具体如下：

从基础条件看，稳固的国际创新合作决定了科技创新国际化水平。目前，合作创新成为开放式创新的主要表现形式。越来越多的国家和地区开始注重利用国际科技合作解决一些重大挑战。无论是国际大科学计划和大科学工程，还是政府间、企业间所开展的产学研合作，以及日趋多样化的科技人才交流、日益活跃的开放合作的专业化组织平台，都为科技创新国际化发展提供了基础。本质上看，国际创新合作是国家和地区科技创新综合实力的重要表现之一。同时，科技创新综合实力则是在现有的科技相关人力、财力、物力、知识及信息等科技资源条件下，进行科技创新活动所能够取得的促进社会与经济全面发展的能力。高水平的国际创新合作、稳固的合作基础，将为国家和地区内创新主体开展国际科技合作，推动研发活动国际化提供有力支撑。其中，国际创新合作基础包括科技创新投入、科技创新产出、创新组织、国际合作平台等关键要素。

从表现形式看，创新要素的国际化是科技创新国际化发展的关键表征。创新要素是指影响创新活动产出的投入资源或者影响创新活动实现的支撑条件。创新要素的多样化、可流动性是开放创新存在的必然前提。科技创新国际化发展的实质是促进国家和地区间创新要素的交流、交易与融合。获取外部创新资源、拓展创新的全球市场，优化资源配置，促进科技创新发展水平的提升，是体现科技创新国际化水平的重要形式。目前，各类创新要素的国际流动或开放水平，已成为评价科技创新国际化的主要指标。其中，创新要素跨国流动的关键在于实现人才、资本、技术、知识等要素在国家或区域间的流动，进而实现创新资源的优化配置。

从发展环境看，开放、多元、包容的创新环境是培育新时代科技创新国际化的重要土壤。国际化的开放创新环境是国家和地区吸引海外创新要素集聚、高水平开展国际创新活动的重要因素。制度、政策及经济、文化等开放水平是衡量创新体系开放性的重要指标，也是影响科技创新国际化发展的重要因素。所谓的创新环境是指创新主体利用创新要素开展创新活动时所需的环境基础，依赖于政府、市场中介组织等主体的共同建设。政府通过建立相关制度、完善基础设施建设、优化营商环境参与全球科技创新合作。市场中介组织通过提供创新平台促进企业、高校及科研机构参与全球科技创新合作。开放、包容、多元的创新环境，尤其是国际化的开放创新，将有效降低各类制度性交易成本，为国内外创新主体营造良好创新创业环境，实现优质创新要素的有效集聚，助推国家或地区科技创新国际化发展。其中，开放创新环境包括区域发展水平、各类制度环境及贸易、投资开放水平等。

基于上述的研究，本报告从国际创新合作基础、创新要素跨国流动及开放创新环境等角度，构建科技创新国际化评价的理论框架（图 2–1）。

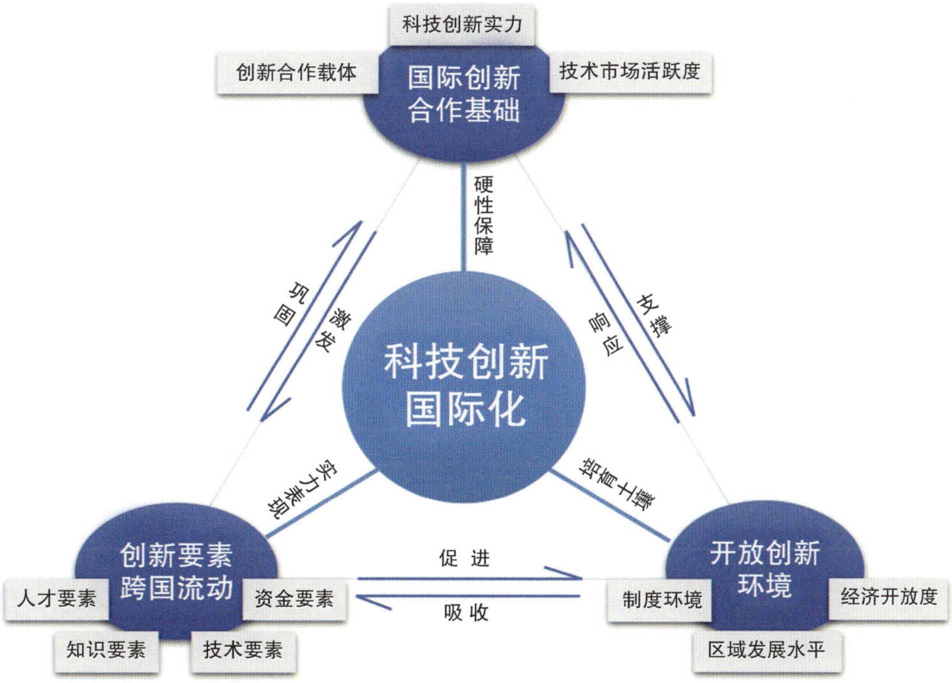

图2–1　科技创新国际化概念模型

（一）国际创新合作基础

国际创新合作基础是指创新系统参与国际合作的基本实力，包括科技创新实力、技术市场活跃度和创新合作载体等内容。科技创新实力是国家和地区的核心竞争力的体现，包括了反映研发投入、科技创新产出、高技术产业创新能力、科技人力资源等相关指标；技术市场活跃度反映了地区创新创业及技术交易水平，包括技术合同额、创业投资机构、国家技术转移机构、科技孵化器等机构数量等；创新合作载体为创新主体参与国际研发合作、融入全球创新网络提供了专业化组织平台，包括国家和地方国际科技合作基地数量、高技术领域外资研发机构数量等。

（二）创新要素跨国流动

创新要素跨国流动是科技创新国际化的重要体现，包括人才要素、资金要素、知识要素和技术要素等内容。其中，人才是所有创新活动的核心驱动，在科技创新国际化中扮演着至关重要的角色，包括归国留学生、外籍科研人员、参与对外科技交流活动人员等。资金为科技创新国际化的行为赋能，促进科技创新国际化发展，包括了国际合作项目经费投入、利用外资研发经费及对外拨付研发经费水平等。知识和技术反映了科技成果水平，主要包括国内科技论文被收录数量、国际专利申请、外国技术引进规模等。

（三）开放创新环境

开放创新环境是指创新系统通过建设基础设施、提供服务平台和制度保障等措施以保证创新资源进行良好的国际互动，是在特定的区域内各种与创新相联系的要素以及协调各要素之间关系的制度及其政策的总和，主要包括区域发展水平、制度环境和经济开放度等内容。区域发展水平反映了当地经济和产业发展水平，包括人均 GDP、互联网宽带普及率、二三产业增加值占比等；制度环境包括营商环境、政府与市场关系、市场中介组织发育和法治环境等；经济开放度主要反映贸易和投资领域对外开放水平，包括贸易开放度和投资开放度。

第三章 指标体系和评价对象

一、指标体系构建原则

一是兼顾全面，突出特色。科技创新国际化评价指标要坚持新发展理念，坚持以供给侧结构性改革为主线，兼顾全面的基础上突出国际化特色，充分体现开放发展战略定位，体现区域科技创新特色，正确引导经济社会发展方向和预期。

二是立足现实，注重可操作。科技创新国际化评价指标要注重指标的科学性和可得性，要用好现有的统计指标，选择有数据基础、客观性强的指标，选取的指标绝大多数为统计局或有关部门工作基础较为成熟的统计指标，即通过监测调查可直接获得数据的指标。

三是统筹协调，体现合力。科技创新国际化评价指标应该是全国各部门统筹协调的结果，需要依靠全国各部门的合力推进，构建的指标可作为衡量区域政府各部门工作绩效的重要依据。

四是简洁实用，注重结果。落实党中央关于解决形式主义突出问题的有关要求，突出“重实干、重实绩”的导向，科技创新国际化评价指标要简洁明了，尽量选用结果性指标，少用工作过程性指标。

五是体现创新，符合时代要求。科技创新国际化指标要体现时代特色，立足新的发展理念和新的发展任务，对现有统计指标体系进行适度优化和有益补充，适度进行指标设计创新。

二、中国科技创新国际化指标体系

基于中国科技创新国际化理论框架，同时，借鉴国内外诸多科技创新评价报告，构建中国科技创新国际化指标体系（简称“指标体系”，表 3–1）。

表3–1　中国科技创新国际化指标体系

一级指标	二级指标	编号	三级指标
国际创新合作基础	科技创新实力	1	R&D 人员全时当量占地区从业人员比例
		2	全社会 R&D 投入强度
		3	受高等教育人员占比
		4	每万人发表科技论文数量
		5	每万名从业人员发明专利申请数量
		6	高技术产业新产品销售收入占主营业务比重
	技术市场活跃度	7	创业投资机构数量
		8	国家技术转移机构数量
		9	科技企业孵化器数量
		10	技术合同成交额
	创新合作载体	11	国家和地方国际科技合作基地数量
		12	高技术产业外资企业办研发机构数量
		13	规模（限额）以上企业中创新合作企业比例
创新要素跨国流动	人才要素	14	高新技术企业留学归国人员数量占年末从业人员总数比例
		15	高新技术企业外籍常驻人员数量占年末从业人员总数比例
		16	参加境外科技活动人数
	资金要素	17	国外资金占 R&D 经费内部支出比例
		18	对境外机构支出占 R&D 经费外部支出比例
		19	国家级国际科技合作项目经费投入
		20	各地区国际科技合作项目经费投入

续表

一级指标	二级指标	编号	三级指标
创新要素跨国流动	知识要素	21	国外主要检索工具收录我国科技论文数量
		22	国际专利申请数量占地区专利申请总数比例
	技术要素	23	国外技术引进合同金额
		24	国家技术转移机构促成国际技术转移项目成交金额
		25	ICT 服务出口占地区出口总额比例
开放创新环境	区域发展水平	26	人均 GDP
		27	二三产业增加值占地区生产总值比例
		28	互联网宽带普及率
		29	万元地区生产总值能耗降低率
	制度环境	30	市场中介组织发育和法治环境
		31	政府与市场关系
		32	省会城市营商环境
	经济开放度	33	贸易开放度
		34	投资开放度

本指标体系的权重设计采用的是“熵权法 + 德尔菲法”，即运用熵权法从数理统计学意义上计算出一套指标权重系数，在此基础上邀请专家对指标系数进行多次评议和研讨，并结合指标实际含义对不合理的指标权重进行适度微调。

“熵”的概念最先由香农引入信息论，目前在工程技术、社会经济等领域得到广泛应用。熵权法的基本思路是根据指标变异性大小确定客观权重。一般来说，指标信息熵越小，说明指标含有的信息量越大，其在综合评价中所能起到的作用越大，因此其权重越大。反之权重越小。计算过程为：

定义矩阵：定义科技创新国际化综合评价矩阵 $\boldsymbol{X}_{ik}$，i 为被评价省（市、区）（i=1，2，…，31），k 为评价指标（k=1，2，…，34）。$\boldsymbol{X}_{ik}$ 矩阵中的元素记为 x_{ik}，表示 i 省级行政区在 k 指标的取值。

数据标准化：本报告采用 Min–max 标准化（Min–max normalization）对数据进行无量纲标准化处理。

正向指标的计算公式为：

$$X_i = 50 + \frac{(x_i - x_{\min})}{(x_{\max} - x_{\min})} \times 50,$$

X_i 为转化后的值，$x_{\max}$ 为最大样本值，$x_{\min}$ 为最小样本值，x_i 为原始值。

逆向指标的计算公式为：

$$X_i = 50 + \frac{(x_{\max} - x_i)}{(x_{\max} - x_{\min})} \times 50,$$

X_i 为转化后的值，$x_{\max}$ 为最大样本值，$x_{\min}$ 为最小样本值，x_i 为原始值。

计算信息熵：根据信息熵的定义，一组数据的信息熵为：

$$E_k = -\frac{1}{\ln n}\sum_{i=1}^{n} p_{ik} \ln p_{ik}, \quad n = 31,$$

其中，$p_{ik} = \frac{x'_{ik}}{\sum_{i=1}^{n} x'_{ik}}$。

若 $p_{ik}=0$，则定义

$$\lim_{p'_{ik} \to \infty} p_{ik} \ln p_{ik} = 0。$$

确定各指标权重：根据信息熵计算公式，34 个指标的信息熵分别为 E_1，E_2，···，E_{34}，则有：

$$W_k = \frac{1 - E_k}{k - \sum E_k}, \quad k = 34。$$

三、评价对象及数据来源

本报告研究和评价的对象为中国 31 个省级行政区。为保证报告测算结果的说服力和可信度，本报告数据均来源于公开统计数据，以保证数据的连续性，利于对标比较。相关数据主要来源于《中国统计年鉴》《中国科技统计年鉴》，以及国家、地区、城市政府公布的统计年鉴、统计公报等官方出版物[①]（表 3–2）。

表3–2 评价对象

序号	省级行政区	序号	省级行政区
1	北京	17	湖北
2	天津	18	湖南
3	河北	19	广东
4	山西	20	广西
5	内蒙古	21	海南
6	辽宁	22	重庆
7	吉林	23	四川
8	黑龙江	24	贵州
9	上海	25	云南
10	江苏	26	陕西
11	浙江	27	甘肃
12	安徽	28	青海
13	福建	29	宁夏
14	江西	30	新疆
15	山东	31	西藏
16	河南		

① 基于最新数据可得性，参加境外科技活动人数、市场中介组织发育和法律制度环境和政府与市场关系等指标采用的是 2019 年数据。

第四章 综合评价结果

在中国科技创新国际化指数指标体系的基础上，本报告根据2020年数据进行测算，最终得出中国科技创新国际化指数得分与排名，并进行了相关分析。

一、总指数测算结果

中国主要省级行政区科技创新国际化指数及排名如表4–1所示。

表4–1　中国主要省级行政区科技创新国际化指数及排名

地区	总指数		一级指标					
			国际创新合作基础		创新要素跨国流动		开放创新环境	
	指数	排名	指数	排名	指数	排名	指数	排名
北京	88.58	1	25.89	1	34.93	1	27.76	2
上海	78.94	2	19.61	5	29.82	2	29.51	1
江苏	74.83	3	23.14	2	27.43	3	24.25	4
广东	73.39	4	22.39	3	26.43	4	24.56	3
浙江	68.45	5	21.34	4	23.13	6	23.99	5
天津	65.12	6	18.33	7	22.84	9	23.95	6
山东	64.16	7	18.68	6	24.36	5	21.13	11
湖北	61.39	8	17.75	8	23.10	7	20.54	16
四川	61.12	9	16.87	11	22.90	8	21.35	9

续表

地区	总指数		一级指标					
			国际创新合作基础		创新要素跨国流动		开放创新环境	
	指数	排名	指数	排名	指数	排名	指数	排名
福建	60.53	10	16.74	15	21.86	11	21.93	8
重庆	60.37	11	16.57	17	21.69	15	22.11	7
陕西	60.22	12	17.57	9	21.84	12	20.81	14
安徽	59.80	13	17.21	10	21.73	14	20.87	13
湖南	59.08	14	16.80	13	21.28	19	21.00	12
江西	58.63	15	16.29	20	21.18	20	21.16	10
辽宁	58.56	16	16.61	16	22.30	10	19.65	19
河南	58.06	17	16.75	14	21.53	16	19.78	18
海南	57.43	18	15.27	30	21.51	17	20.65	15
河北	57.26	19	16.85	12	20.60	24	19.81	17
黑龙江	55.98	20	16.46	18	21.75	13	17.77	26
吉林	55.79	21	16.34	19	21.40	18	18.06	23
山西	55.21	22	15.98	22	20.42	27	18.81	20
宁夏	55.09	23	15.98	23	20.39	28	18.72	21
广西	54.99	24	15.55	27	20.93	22	18.51	22
云南	54.31	25	15.81	24	20.54	25	17.96	25
新疆	54.30	26	15.46	29	20.85	23	17.99	24
甘肃	54.12	27	16.08	21	20.98	21	17.06	30
贵州	53.80	28	15.62	25	20.49	26	17.68	28
青海	53.44	29	15.59	26	20.09	30	17.76	27
内蒙古	53.17	30	15.50	28	20.30	29	17.37	29
西藏	—	31	—	31	—	31	—	31

我国主要省级行政区科技创新国际化指数平均值为60.87。中国科技创新国际化指数排名前10位的省级行政区依次为北京、上海、江苏、广东、浙江、天津、山东、湖北、四川、福建。其中，北京、上海、江苏科技创新国际化指数分别为88.58、

78.94、74.83。第 11 ~ 20 位的省级行政区依次为重庆、陕西、安徽、湖南、江西、辽宁、河南、海南、河北、黑龙江。排名在第 20 位之后的省级行政区依次为吉林、山西、宁夏、广西、云南、新疆、甘肃、贵州、青海、内蒙古、西藏（图 4–1）。

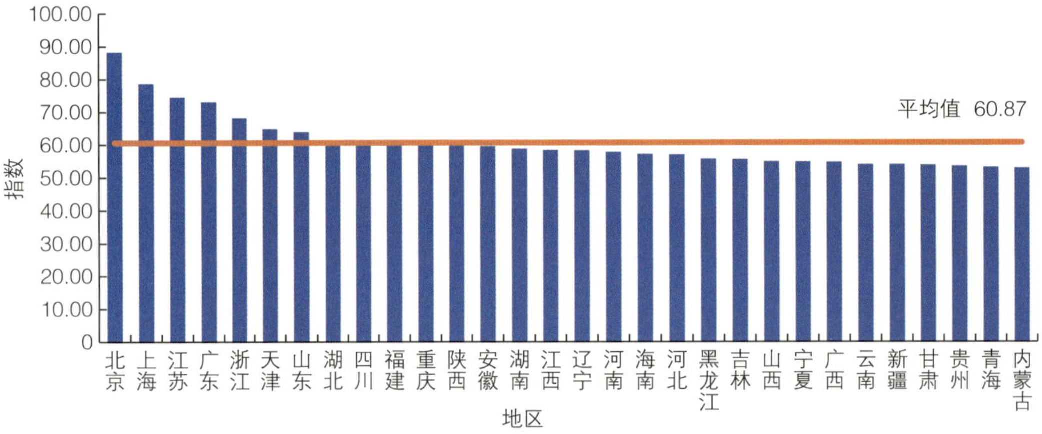

图4–1　中国主要省级行政区科技创新国际化总指数情况

为了直观比较中国科技创新国际化指数的区域分布，本报告绘制了中国科技创新国际化指数分布图。“深蓝色”区域表示指数排名前 10 位的为科技创新国际化水平较高地区；“浅蓝色”区域表示第 11 ~ 20 位为科技创新国际化水平中等地区；“淡蓝色”区域表示第 21 ~ 31 位为科技创新国际化水平较低地区。地理分布图显示，“深蓝色”区域主要集中于东部地区和中西部部分地区，“浅蓝色”区域集中于中西部地区，“淡蓝色”区域则集中于东北、西北及西南地区（图 4–2）。

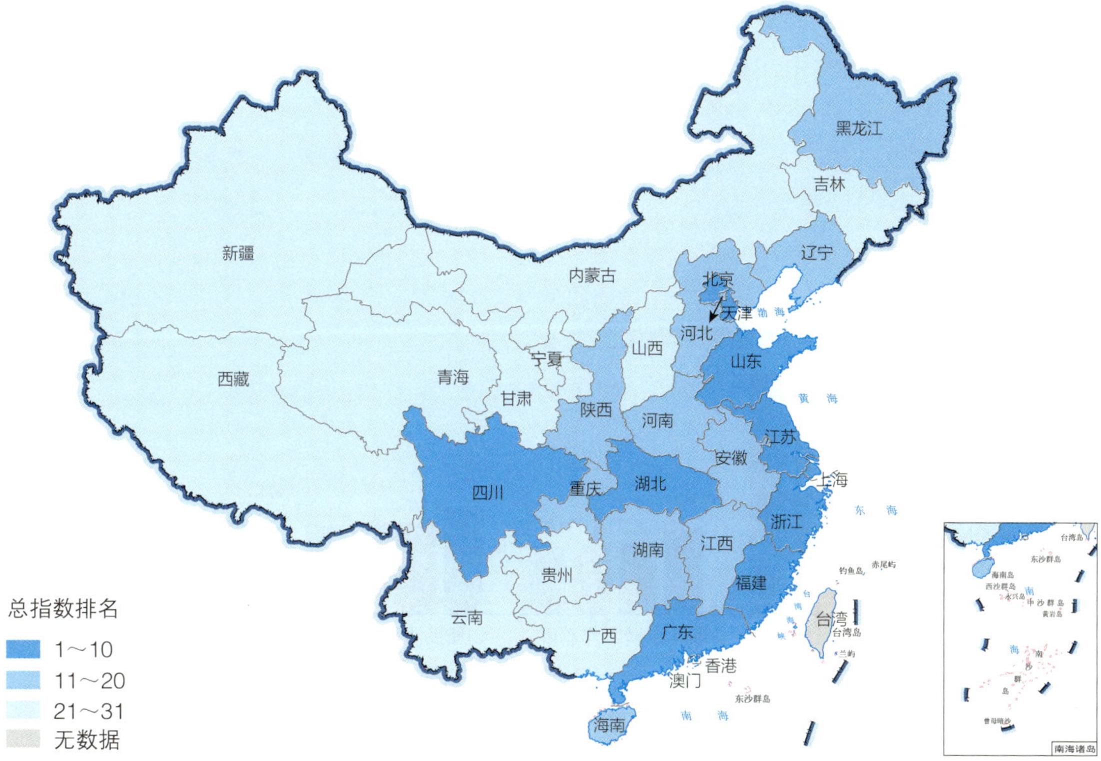

图4-2　中国主要省级行政区科技创新国际化指数分布

二、总指数区域分布与比较

（一）区域间差异分析

通过对中国科技创新国际化总指数以及国际创新合作基础、创新要素跨国流动和开放创新环境 3 项一级指标进行分区域对比分析可知，中国科技创新国际化指数呈现较明显的区域差异。

根据四大地区科技创新国际化指数测算结果，科技创新国际化指数全国平均值为 59.32。东部地区科技创新国际化水平最高，在国际创新合作基础、创新要素跨国流动和开放创新环境 3 项一级指标上均具备相对优势，因此科技创新国际化指数排名靠前。中部地区科技创新国际化水平表现相对较好，国际创新合作基础与开放创新环境指数相对较高，创新要素跨国流动表现具有提升空间。西部地区开放创新环境具备一定发展潜力，国际创新合作基础与创新要素跨国流动表现相对落后。东北地区创新要素跨国流动表现较为突出，国际创新合作基础及开放创新环境指数有待提升（图 4–3）。

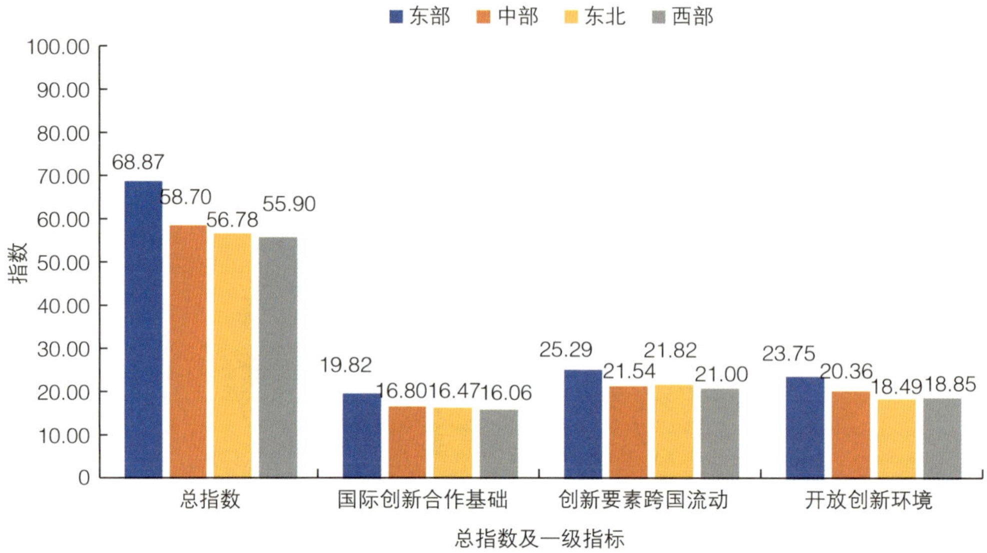

图4–3　四大地区总指数及一级指标指数情况

（二）区域内差异分析

东部 10 个省级行政区中，除海南与河北以外，其余 8 个省级行政区排名均居全国前 10 位且科技创新国际化水平高于全国平均水平。中部 6 个省级行政区中，湖北排全国前 10 位，湖北、安徽科技创新国际化水平高于全国平均水平。西部 12 个省级行政区中，四川排全国第 9 位，四川、重庆、陕西科技创新国际化水平高于全国平均水平。东北 3 个省级行政区的科技创新国际化水平均低于全国平均水平，赶超空间较大（表 4–2）。

表4-2　中国科技创新国际化指数四大地区内部差异分析

区域	地区	排名	区域	地区	排名
东部	北京	1	西部	四川	9
	上海	2		重庆	11
	江苏	3		陕西	12
	广东	4		宁夏	23
	浙江	5		广西	24
	天津	6		云南	25
	山东	7		新疆	26
	福建	10		甘肃	27
	海南	18		贵州	28
	河北	19		青海	29
中部	湖北	8		内蒙古	30
	安徽	13		西藏	31
	湖南	14	东北	辽宁	16
	江西	15		黑龙江	20
	河南	17		吉林	21
	山西	22			

中国科技创新国际化指数研究报告2022

分项指标评价结果

第五章

一、国际创新合作基础

国际创新合作基础是区域参与创新国际化、进行创新合作的重要基础和支撑区域科技创新的综合实力。本报告通过测度科技创新实力、技术市场活跃度、创新合作载体 3 项二级指标及 14 项三级指标考察国际创新合作基础。

（一）一级指标指数排名与分析

1.指数排名概况

根据国际创新合作基础的测度体系和权重标准，中国主要省级行政区国际创新合作基础指数及排名如表 5−1 所示。

表5−1　中国主要省级行政区国际创新合作基础指数及排名

地区	国际创新合作基础		二级指标					
			科技创新实力		技术市场活跃度		创新合作载体	
	指数	排名	指数	排名	指数	排名	指数	排名
北京	25.89	1	10.79	1	8.30	2	6.80	3
江苏	23.14	2	7.14	4	8.38	1	7.62	2
广东	22.39	3	6.85	6	7.61	4	7.94	1
浙江	21.34	4	7.09	5	7.69	3	6.57	4
上海	19.61	5	8.32	2	5.91	6	5.38	9
山东	18.68	6	6.28	11	6.30	5	6.10	5

续表

地区	国际创新合作基础		二级指标					
			科技创新实力		技术市场活跃度		创新合作载体	
	指数	排名	指数	排名	指数	排名	指数	排名
天津	18.33	7	7.53	3	5.42	12	5.37	10
湖北	17.75	8	6.45	8	5.76	8	5.53	6
陕西	17.57	9	6.50	7	5.85	7	5.22	12
安徽	17.21	10	6.38	9	5.48	10	5.36	11
四川	16.87	11	6.01	19	5.65	9	5.21	13
河北	16.85	12	5.95	21	5.42	11	5.48	8
湖南	16.80	13	6.19	16	5.41	13	5.19	14
河南	16.75	14	5.99	20	5.24	17	5.51	7
福建	16.74	15	6.32	10	5.27	16	5.16	17
辽宁	16.61	16	6.26	13	5.32	14	5.03	20
重庆	16.57	17	6.27	12	5.13	19	5.17	15
黑龙江	16.46	18	6.25	14	5.28	15	4.93	23
吉林	16.34	19	6.16	17	5.16	18	5.02	21
江西	16.29	20	6.03	18	5.10	20	5.16	16
甘肃	16.08	21	5.90	23	5.08	22	5.09	18
山西	15.98	22	5.94	22	5.09	21	4.95	22
宁夏	15.98	23	6.20	15	4.88	29	4.90	24
云南	15.81	24	5.76	26	4.98	26	5.07	19
贵州	15.62	25	5.69	27	5.05	24	4.88	26
青海	15.59	26	5.86	24	4.90	28	4.83	28
广西	15.55	27	5.58	30	5.08	23	4.89	25
内蒙古	15.50	28	5.81	25	4.93	27	4.77	30
新疆	15.46	29	5.62	29	4.99	25	4.85	27
海南	15.27	30	5.64	28	4.86	30	4.77	29

国际创新合作基础指数排名前 10 位的省级行政区依次为北京、江苏、广东、浙江、上海、山东、天津、湖北、陕西、安徽。第 11 ~ 20 位的省级行政区依次四川、河北、湖南、河南、福建、辽宁、重庆、黑龙江、吉林、江西。排名在第 20 位之后的省级行政区依次为甘肃、山西、宁夏、云南、贵州、青海、广西、内蒙古、新疆、海南、

西藏。主要省级行政区国际创新合作基础指数平均值为 17.50，其中有 9 个省级行政区国际创新合作基础指数高于全国平均水平（图 5–1、图 5–2）。

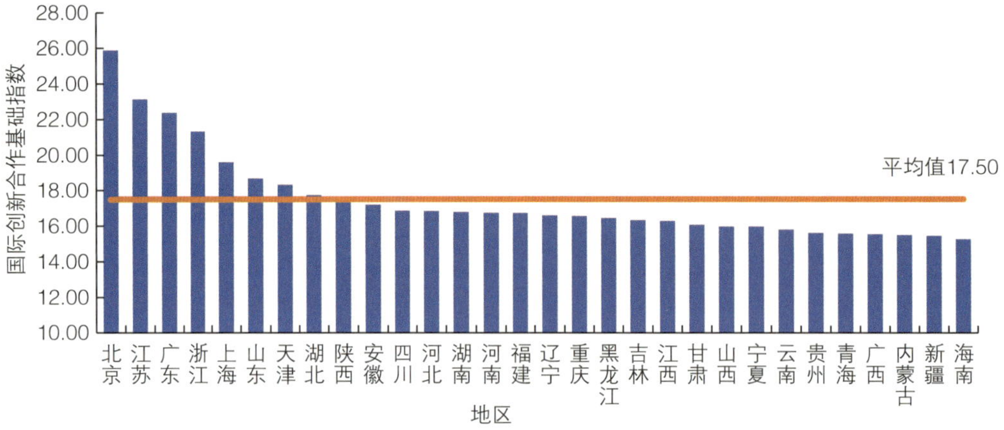

图5–1　中国主要省级行政区国际创新合作基础指数情况

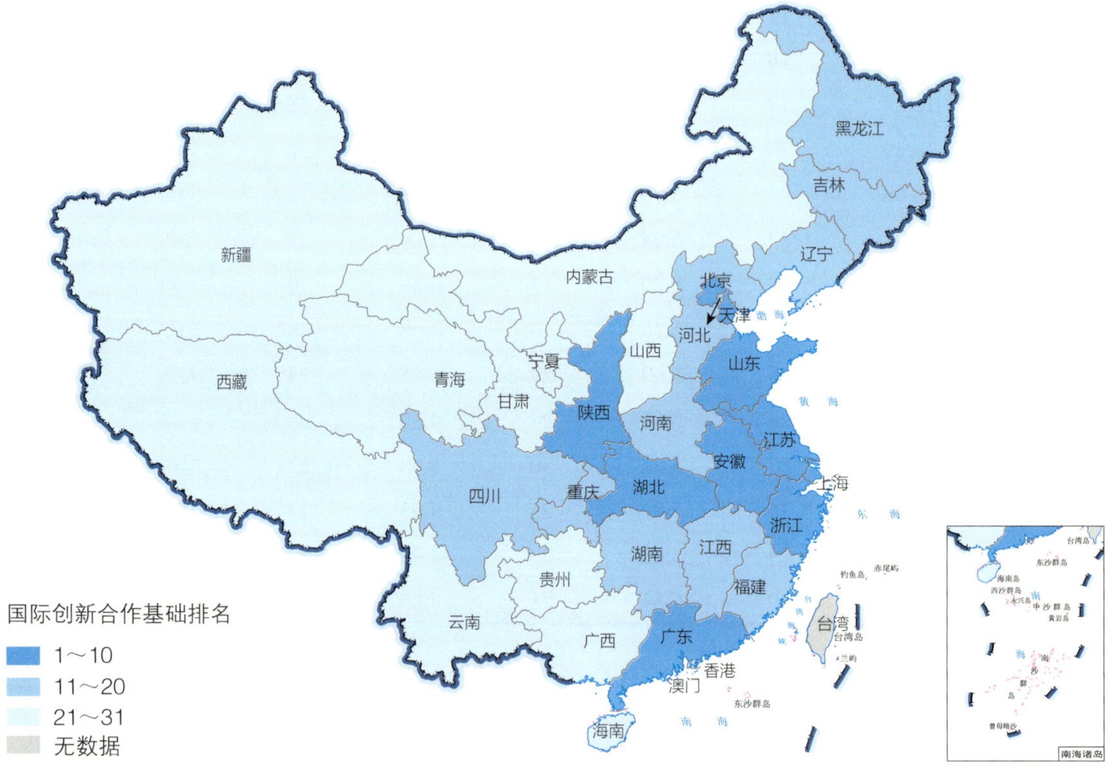

图5–2　中国主要省级行政区国际创新合作基础指数分布

2.区域差异分析

（1）区域间差异分析

经分区域对比分析国际创新合作基础指数以及科技创新实力、技术市场活跃度和创新合作载体三项二级指标发现，国际创新合作基础指数呈现较明显的区域差异（图 5–3）。东部地区国际创新合作基础水平最高，在科技创新实力、技术市场活跃度和创新合作载体三项二级指标上均具备相对优势，因此国际创新合作基础指数排名靠前。中部地区国际创新合作基础表现相对较好，技术市场活跃度与创新合作载体指数相对较高，科技创新实力具有提升空间。西部地区国际创新合作基础指数相对较低，科技创新实力、技术市场活跃度和创新合作载体都有较大提升空间。东北地区国际创新合作基础水平有待进一步提高，科技创新实力具备一定发展基础。

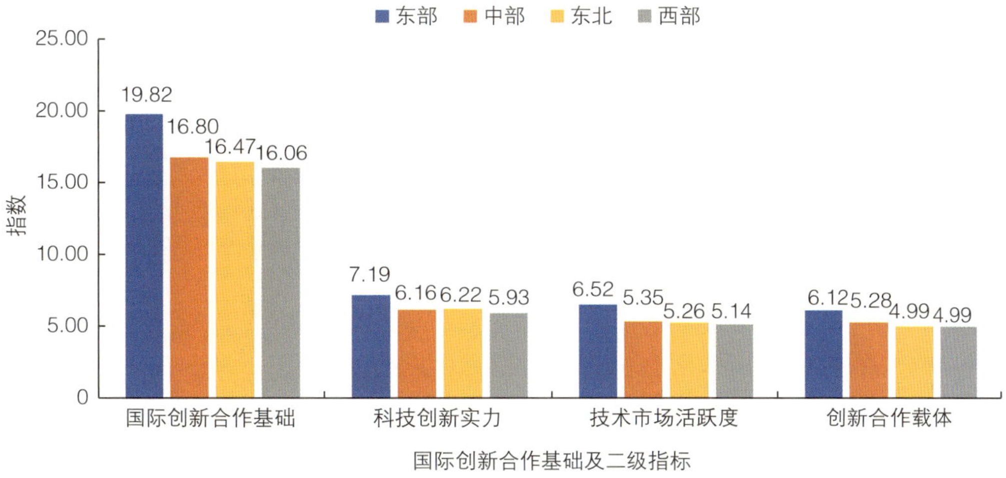

图5–3　四大地区国际创新合作基础及二级指标指数情况

（2）区域内差异分析

东部地区，北京、江苏、广东、浙江、上海、山东、天津 7 个省级行政区的国际创新合作基础指数排名均居全国前 10 位，且指数高于全国平均水平。

中部地区，湖北、安徽排全国前 10 位，其余省级行政区排名位于全国中下游。除湖北外的 5 个省级行政区国际创新合作基础均低于全国平均水平。

西部地区，陕西、四川、重庆排名分列第 9 位、第 11 位、第 17 位，其余省级行政区均在第 20 位之后，国际创新合作基础处于全国下游。除陕西外的省级行政区国际创新合作基础均低于全国平均水平。

东北地区，辽宁、黑龙江、吉林分列第 16 位、第 18 位、第 19 位，排名位于全国中下游。其国际创新合作基础均低于全国平均水平（表 5–2）。

表5–2　国际创新合作基础指数四大地区内部差异分析

<table>
<tr><th>区域</th><th>地区</th><th>排名</th><th>区域</th><th>地区</th><th>排名</th></tr>
<tr><td rowspan="10">东部</td><td>北京</td><td>1</td><td rowspan="12">西部</td><td>陕西</td><td>9</td></tr>
<tr><td>江苏</td><td>2</td><td>四川</td><td>11</td></tr>
<tr><td>广东</td><td>3</td><td>重庆</td><td>17</td></tr>
<tr><td>浙江</td><td>4</td><td>甘肃</td><td>21</td></tr>
<tr><td>上海</td><td>5</td><td>宁夏</td><td>23</td></tr>
<tr><td>山东</td><td>6</td><td>云南</td><td>24</td></tr>
<tr><td>天津</td><td>7</td><td>贵州</td><td>25</td></tr>
<tr><td>河北</td><td>12</td><td>青海</td><td>26</td></tr>
<tr><td>福建</td><td>15</td><td>广西</td><td>27</td></tr>
<tr><td>海南</td><td>30</td><td>内蒙古</td><td>28</td></tr>
<tr><td rowspan="6">中部</td><td>湖北</td><td>8</td><td>新疆</td><td>29</td></tr>
<tr><td>安徽</td><td>10</td><td>西藏</td><td>31</td></tr>
<tr><td>湖南</td><td>13</td><td rowspan="3">东北</td><td>辽宁</td><td>16</td></tr>
<tr><td>河南</td><td>14</td><td>黑龙江</td><td>18</td></tr>
<tr><td>江西</td><td>20</td><td>吉林</td><td>19</td></tr>
<tr><td>山西</td><td>22</td><td></td><td></td><td></td></tr>
</table>

（二）二级指标指数排名与分析

1.科技创新实力

科技创新实力是开展各项创新活动的重要基石。本报告选取 R&D 人员全时当量占地区从业人员比例、全社会 R&D 投入强度、受高等教育人员占比、每万人发表科技论文数量、每万名从业人员发明专利申请数量、高技术产业新产品销售收入占主营业务比重共 6 项三级指标测量科技创新实力。中国主要省级行政区科技创新实力指数及排名如表 5-3 所示。

表5-3 中国主要省级行政区科技创新实力指数及排名

地区	指数	排名	地区	指数	排名
北京	10.79	1	湖南	6.19	16
上海	8.32	2	吉林	6.16	17
天津	7.53	3	江西	6.03	18
江苏	7.14	4	四川	6.01	19
浙江	7.09	5	河南	5.99	20
广东	6.85	6	河北	5.95	21
陕西	6.50	7	山西	5.94	22
湖北	6.45	8	甘肃	5.90	23
安徽	6.38	9	青海	5.86	24
福建	6.32	10	内蒙古	5.81	25
山东	6.28	11	云南	5.76	26
重庆	6.27	12	贵州	5.69	27
辽宁	6.26	13	海南	5.64	28
黑龙江	6.25	14	新疆	5.62	29
宁夏	6.20	15	广西	5.58	30

科技创新实力指数排名前10位的省级行政区依次为北京、上海、天津、江苏、浙江、广东、陕西、湖北、安徽、福建。第 11 ～ 20 位的省级行政区依次为山东、重庆、辽宁、黑龙江、宁夏、湖南、吉林、江西、四川、河南。排名在第 20 位之后的省级行政区依次为河北、山西、甘肃、青海、内蒙古、云南、贵州、海南、新疆、广西。主要省级行政区科技创新实力指数平均值为 6.43，有 8 个省级行政区科技创新实力高于全国平均水平（图 5-4）。

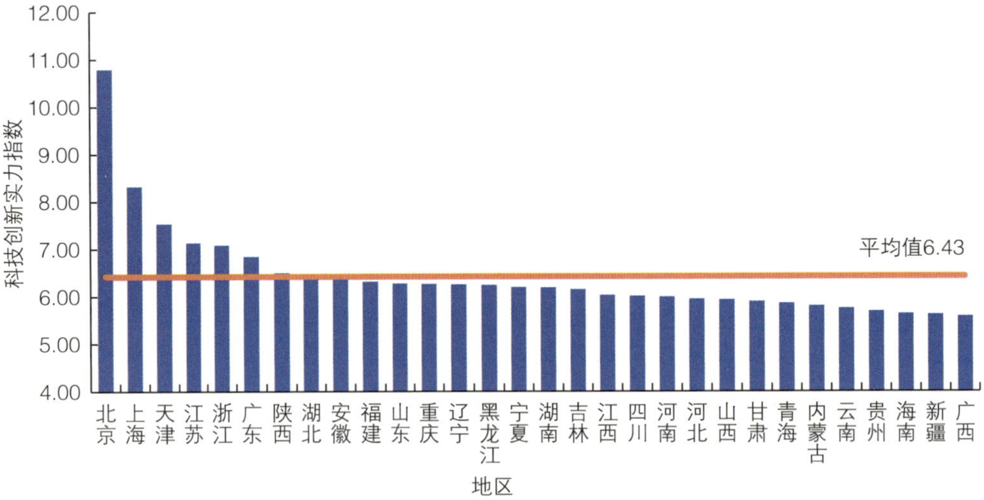

图5-4　中国主要省级行政区科技创新实力指数情况

根据四大地区科技创新实力指数测算结果，科技创新实力指数全国平均值为6.43。东部地区为科技创新实力指数最高区域，区域内部指数极差为5.15，内部差距相对较大；中部、西部和东北地区指数低于全国平均水平，区域内部指数极差均低于1.00，内部差距相对较小（图5–5）。

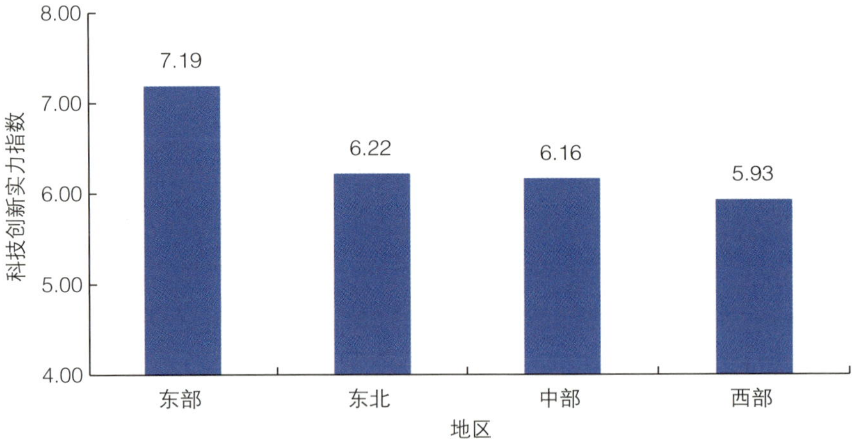

图5–5　四大地区科技创新实力指数情况

三级指标方面，主要省级行政区全社会R&D投入强度平均为2.00%，R&D人员全时当量占地区从业人员比例平均为0.65%，受高等教育人员占比平均为16 772人/10万人。总指数排名前13位的省级行政区的三项指标呈现出较为一致的趋势，体现了科技创新资金结构与人员结构投入的匹配性（图 5–6）。

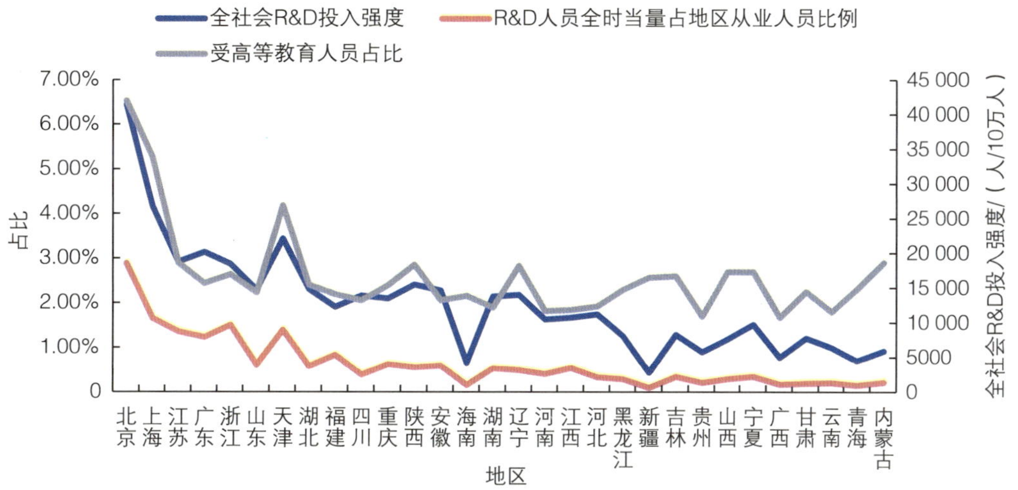

图5–6 全社会R&D投入强度、R&D人员全时当量占地区从业人员比例与受高等教育人员占比

主要省级行政区每万名从业人员发明专利申请数量平均为 17.85 件，每万人发表科技论文数量平均为 4.30 篇。其中，北京凭借 124.60 件每万名从业人员发明专利申请数量、32.50 篇每万人发表科技论文数量居全国第 1 位，产出成果数量约为第 2 位上海的 2 倍，远高于其他省级行政区（图 5–7）。

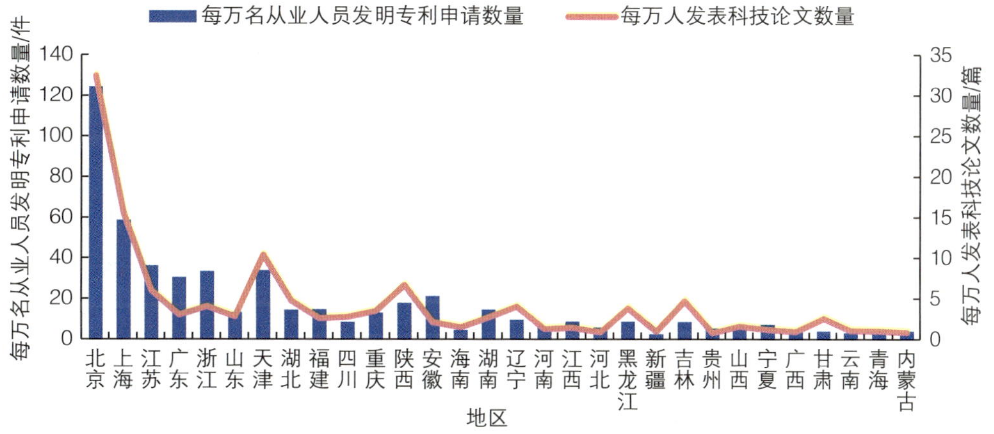

图5–7 每万名从业人员发明专利申请数量与每万人发表科技论文数量

2.技术市场活跃度

技术市场为激发科技创新活力提供良好的制度环境。本报告使用创业投资机构数量、国家技术转移机构数量、科技企业孵化器数量、技术合同成交额 4 项三级指标测量技术市场活跃度。中国主要省级行政区技术市场活跃度指数及排名如表 5–4 所示。

表5–4 中国主要省级行政区技术市场活跃度指数及排名

地区	指数	排名	地区	指数	排名
江苏	8.38	1	福建	5.27	16
北京	8.30	2	河南	5.24	17
浙江	7.69	3	吉林	5.16	18
广东	7.61	4	重庆	5.13	19
山东	6.30	5	江西	5.10	20
上海	5.91	6	山西	5.09	21
陕西	5.85	7	甘肃	5.08	22
湖北	5.76	8	广西	5.08	23
四川	5.65	9	贵州	5.05	24
安徽	5.48	10	新疆	4.99	25
河北	5.42	11	云南	4.98	26
天津	5.42	12	内蒙古	4.93	27
湖南	5.41	13	青海	4.90	28
辽宁	5.32	14	宁夏	4.88	29
黑龙江	5.28	15	海南	4.86	30

技术市场活跃度指数排名前 10 位的省级行政区依次为江苏、北京、浙江、广东、山东、上海、陕西、湖北、四川、安徽。第 11 ～ 20 位的省级行政区依次为河北、天津、湖南、辽宁、黑龙江、福建、河南、吉林、重庆、江西。排名在第 20 位之后的省级行政区依次为山西、甘肃、广西、贵州、新疆、云南、内蒙古、青海、宁夏、海南。主要省级行政区技术市场活跃度指数平均值为 5.65，其中有 9 个省级行政区技术市场活跃度高于全国平均水平（图 5–8）。

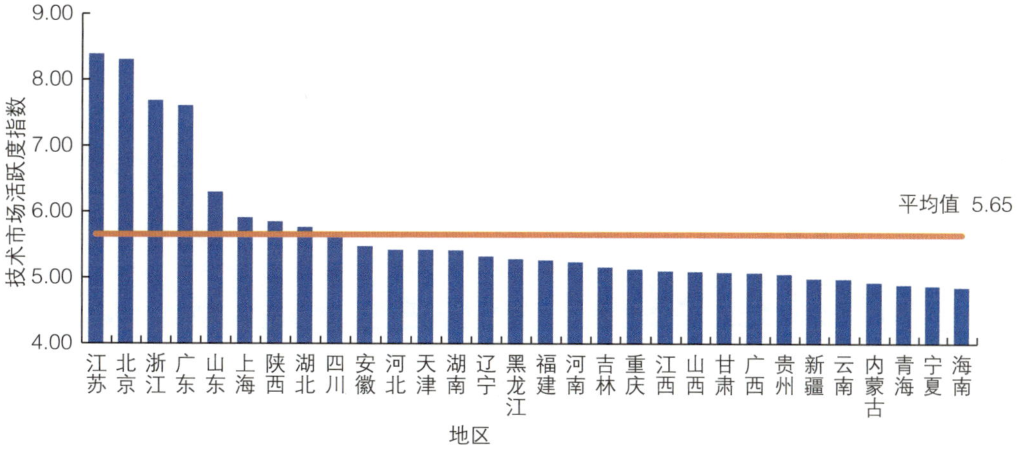

图5-8　中国主要省级行政区技术市场活跃度指数情况

根据四大地区技术市场活跃度指数测算结果，东部地区为技术市场活跃度指数最高区域，区域内部指数极差为 3.53，内部差距相对较大；中部、西部和东北地区指数低于全国平均水平，区域内部指数极差均低于 1.00，内部差距相对较小（图 5–9）。

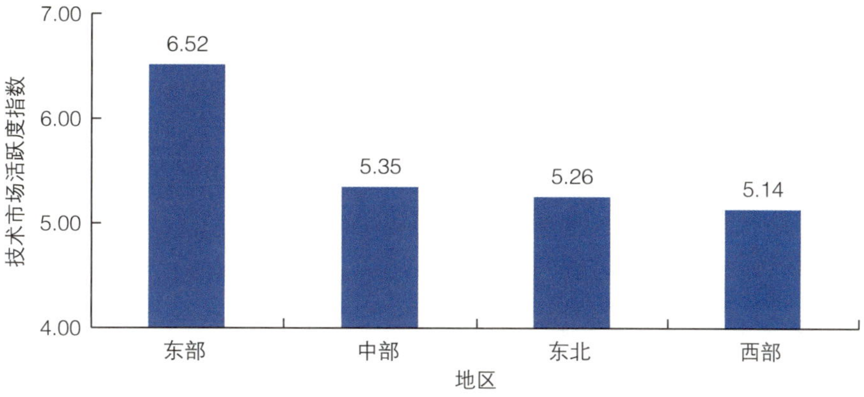

图5–9　四大地区技术市场活跃度指数情况

三级指标方面，主要省级行政区的平均科技企业孵化器数量为 194 家，江苏、广东分别以928 家、1079 家居前两位；主要省级行政区的平均创业投资机构数量为 110 家，浙江、江苏、北京分别以 758 家、697 家、506 家位居前三（图 5–10）。上述省级行政区在科技企业孵化器数量与创业投资机构数量两项指标上的表现远超其他省级行政区，展现了政府与市场对营造良好创新环境、激发创新活力的共同支持。

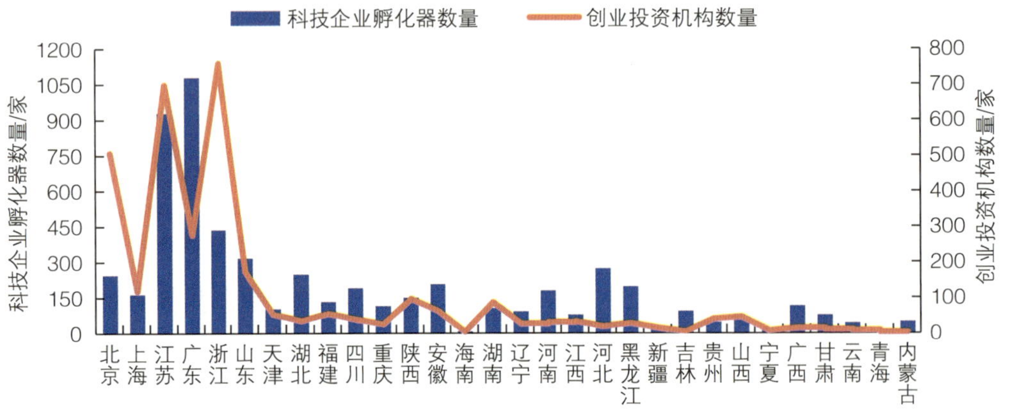

图5-10　科技企业孵化器数量与创业投资机构数量

主要省级行政区的技术合同成交额平均为 909.77 亿元，国家技术转移机构数量平均为 14.07 家。技术合同成交额排名前五的省级行政区分别为北京、广东、江苏、山东、陕西，成交额分别为 6316.16 亿元、3267.21 亿元、2087.85 亿元、1903.89 亿元、1758.72 亿元；国家技术转移机构数量排名前五的省级行政区分别为北京、江苏、广东、山东、浙江，机构数量分别为 54 家、45 家、31 家、27 家、26 家（图 5–11）。

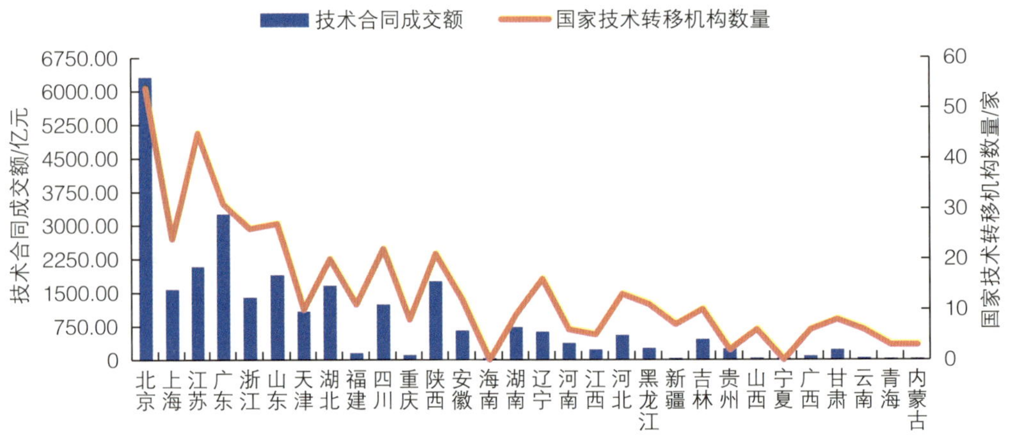

图5-11　技术合同成交额与国家技术转移机构数量

3.创新合作载体

创新合作载体是推动国际创新合作的重要桥梁。本报告选取国家和地方国际科技合作基地数量、高技术产业外资企业办研发机构数量、规模（限额）以上企业中创新合作企业比例 3 项三级指标测量创新合作载体。中国主要省级行政区创新合作载体指数及排名如表 5–5 所示。

表5–5 中国主要省级行政区创新合作载体指数及排名

地区	指数	排名	地区	指数	排名
广东	7.94	1	江西	5.16	16
江苏	7.62	2	福建	5.16	17
北京	6.80	3	甘肃	5.09	18
浙江	6.57	4	云南	5.07	19
山东	6.10	5	辽宁	5.03	20
湖北	5.53	6	吉林	5.02	21
河南	5.51	7	山西	4.95	22
河北	5.48	8	黑龙江	4.93	23
上海	5.38	9	宁夏	4.90	24
天津	5.37	10	广西	4.89	25
安徽	5.36	11	贵州	4.88	26
陕西	5.22	12	新疆	4.85	27
四川	5.21	13	青海	4.83	28
湖南	5.19	14	海南	4.77	29
重庆	5.17	15	内蒙古	4.77	30

创新合作载体指数排名前 10 位的省级行政区依次为广东、江苏、北京、浙江、山东、湖北、河南、河北、上海、天津。第 11 ～ 20 位的省级行政区依次为安徽、陕西、四川、湖南、重庆、江西、福建、甘肃、云南、辽宁。排名在第 20 位之后的省级行政区依次为吉林、山西、黑龙江、宁夏、广西、贵州、新疆、青海、海南、内蒙古。主要省级行政区创新合作载体指数平均值为 5.43，其中有 8 个省级行政区创新合作载体指数高于全国平均水平，按指数高低排序依次为广东、江苏、北京、浙江、山东、湖北、河南、河北；其他省级行政区的创新合作载体指数低于全国平均水平（图 5–12）。

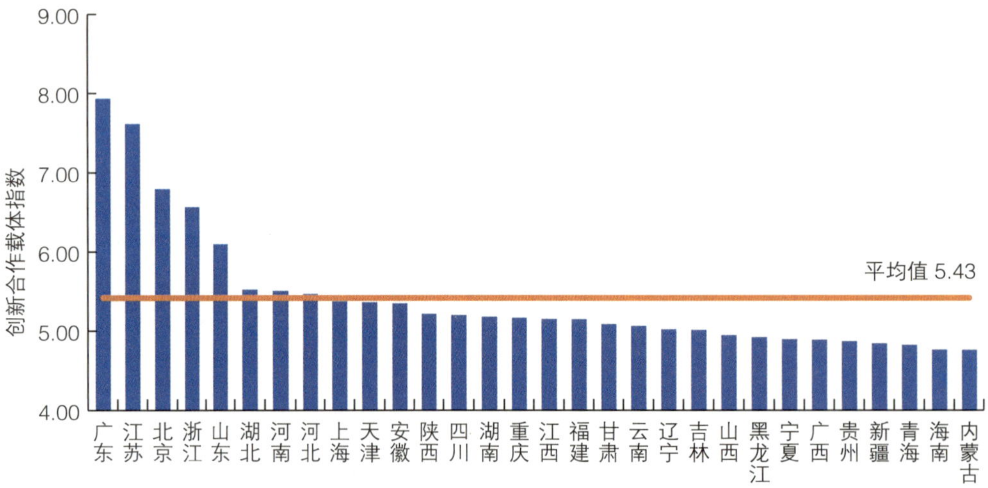

图5-12　中国主要省级行政区创新合作载体指数情况

根据四大地区创新合作载体指数测算结果，东部地区为创新合作载体指数最高区域，区域内部指数极差为 3.17，内部差距相对较大。中部、西部和东北地区创新合作载体指数低于全国平均水平，区域内部指数极差均低于 1.00，内部差距相对较小（图 5–13）。

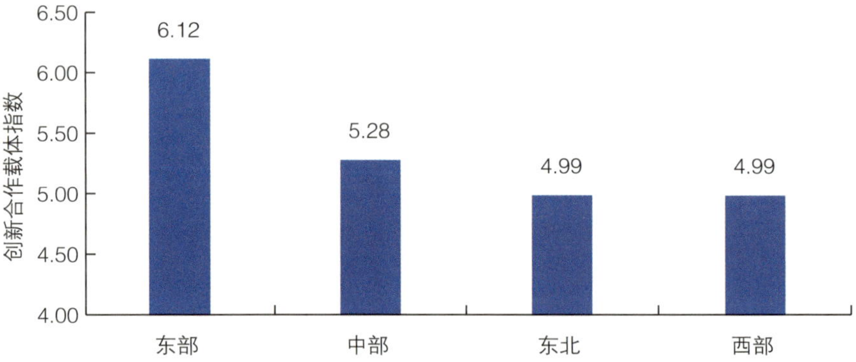

图5-13　四大地区创新合作载体指数情况

三级指标方面，主要省级行政区的国家和地方国际科技合作基地数量平均为97家。北京以 445 家国家和地方国际科技合作基地位列榜首。山东、河南、河北、天津积极推进国际科技合作事业，分别拥有 314 家、279 家、209 家、190 家国家和地方国际科技合作基地（图 5–14）。

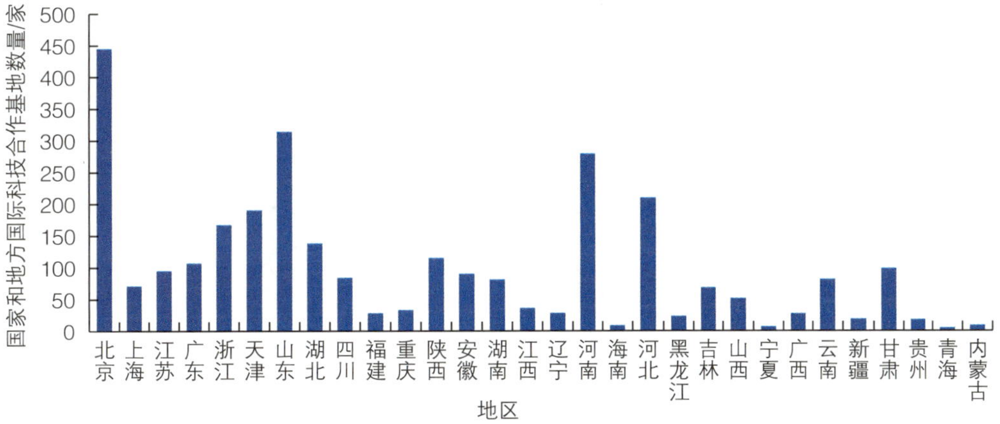

图5-14　国家和地方国际科技合作基地数量

高技术产业外资企业办研发机构数量平均为 51 家，规模（限额）以上企业中创新合作企业比例平均为 18.37%。省级层面高技术产业外资企业办研发机构数量差异较大，广东、江苏、浙江分别拥有 523 家、446 家、199 家研发机构，数量远超其他省级行政区。主要省级行政区的规模（限额）以上企业中创新合作企业比例为 7.9% ~ 28.6%，其中，浙江、安徽、江苏、湖南、宁夏、广东、湖北、重庆、江西、山东、四川 11 个省级行政区规模（限额）以上企业中创新合作企业比例达 20% 以上（图 5-15）。

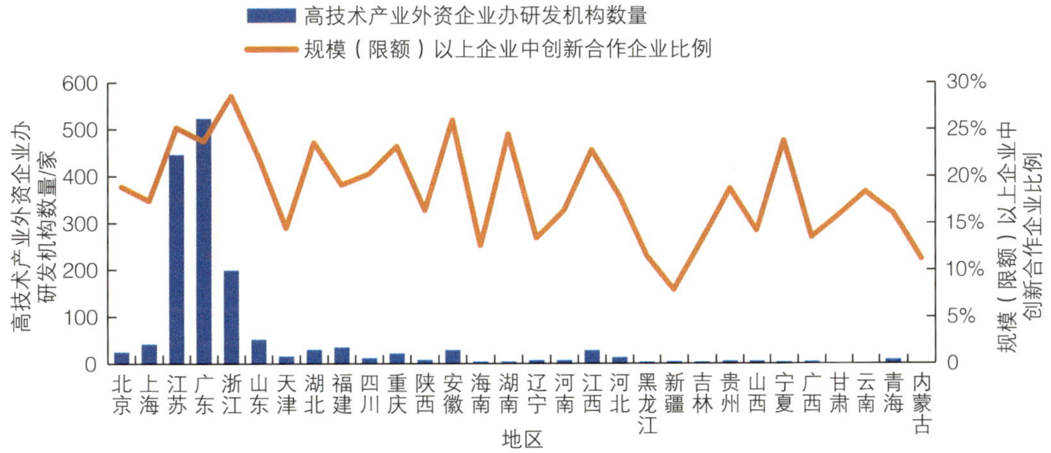

图5-15　高技术产业外资企业办研发机构数量与规模（限额）以上企业中创新合作企业比例

二、创新要素跨国流动

推动创新要素跨国流动，有助于提高科技资源配置水平，优化科技要素布局，提高企业生产效率。中国科技创新国际化指数通过测度人才要素、资金要素、知识要素、技术要素 4 项二级指标及 12 项三级指标考察创新要素跨国流动情况。

（一）一级指标指数排名与分析

1.指数排名概况

根据创新要素跨国流动的测度体系和权重标准，中国主要省级行政区创新要素跨国流动指数及排名如表 5–6 所示。

表5–6　中国主要省级行政区创新要素跨国流动指数及排名

地区	创新要素跨国流动		二级指标							
			人才要素		资金要素		知识要素		技术要素	
	指数	排名	指数	排名	指数	排名	指数	排名	指数	排名
北京	34.93	1	7.73	4	11.73	1	3.45	1	12.02	1
上海	29.82	2	8.22	2	10.80	2	2.46	2	8.34	5
江苏	27.43	3	8.71	1	7.78	4	2.41	3	8.53	4
广东	26.43	4	8.12	3	7.39	8	2.22	7	8.70	3
山东	24.36	5	5.57	16	7.30	11	2.15	9	9.34	2
浙江	23.13	6	6.01	8	7.56	7	2.22	6	7.33	7
湖北	23.10	7	6.08	6	7.39	9	2.29	5	7.34	6
四川	22.90	8	5.97	9	7.58	6	2.17	8	7.18	9
天津	22.84	9	5.76	12	7.88	3	1.92	17	7.29	8
辽宁	22.30	10	5.84	10	7.25	13	2.13	12	7.07	11
福建	21.86	11	6.02	7	7.10	15	1.91	18	6.83	15
陕西	21.84	12	5.51	17	7.10	16	2.38	4	6.85	13
黑龙江	21.75	13	5.25	27	7.19	14	2.14	11	7.16	10
安徽	21.73	14	5.51	18	7.27	12	2.13	13	6.81	16
重庆	21.69	15	5.73	13	6.85	20	2.05	15	7.07	12
河南	21.53	16	5.41	24	7.59	5	1.90	19	6.64	23

续表

地区	创新要素跨国流动		二级指标							
			人才要素		资金要素		知识要素		技术要素	
	指数	排名	指数	排名	指数	排名	指数	排名	指数	排名
海南	21.51	17	6.38	5	6.61	27	1.78	26	6.74	20
吉林	21.40	18	5.47	21	7.00	17	2.15	10	6.79	18
湖南	21.28	19	5.57	15	6.80	21	2.12	14	6.79	17
江西	21.18	20	5.78	11	6.77	22	1.79	25	6.83	14
甘肃	20.98	21	5.25	28	7.32	10	1.82	23	6.59	30
广西	20.93	22	5.48	19	6.92	18	1.88	20	6.65	21
新疆	20.85	23	5.59	14	6.87	19	1.77	28	6.63	26
河北	20.60	24	5.47	20	6.64	25	1.84	21	6.65	22
云南	20.54	25	5.36	25	6.72	23	1.83	22	6.64	25
贵州	20.49	26	5.41	23	6.55	29	1.77	27	6.75	19
山西	20.42	27	5.24	29	6.66	24	1.92	16	6.60	28
宁夏	20.39	28	5.41	22	6.57	28	1.80	24	6.61	27
内蒙古	20.30	29	5.29	26	6.62	26	1.76	30	6.64	24
青海	20.09	30	5.22	30	6.52	30	1.76	29	6.60	29

创新要素跨国流动指数排名前10位的省级行政区依次为北京、上海、江苏、广东、山东、浙江、湖北、四川、天津、辽宁。第11～20位的省级行政区依次为福建、陕西、黑龙江、安徽、重庆、河南、海南、吉林、湖南、江西。排名在第20位之后的省级行政区依次为甘肃、广西、新疆、河北、云南、贵州、山西、宁夏、内蒙古、青海、西藏。主要省级行政区创新要素跨国流动指数平均值为22.62，有9个省级行政区创新要素跨国流动水平高于全国平均水平（图5–16、图5–17）。

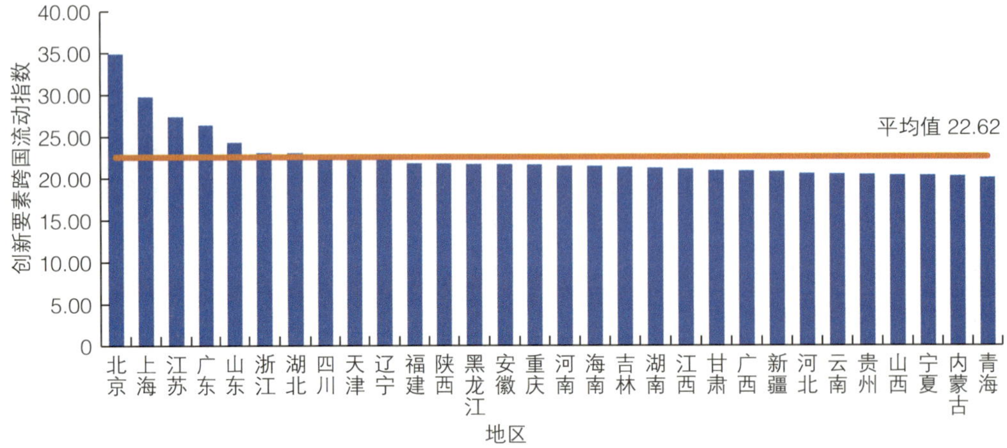

图5-16　中国主要省级行政区创新要素跨国流动指数情况

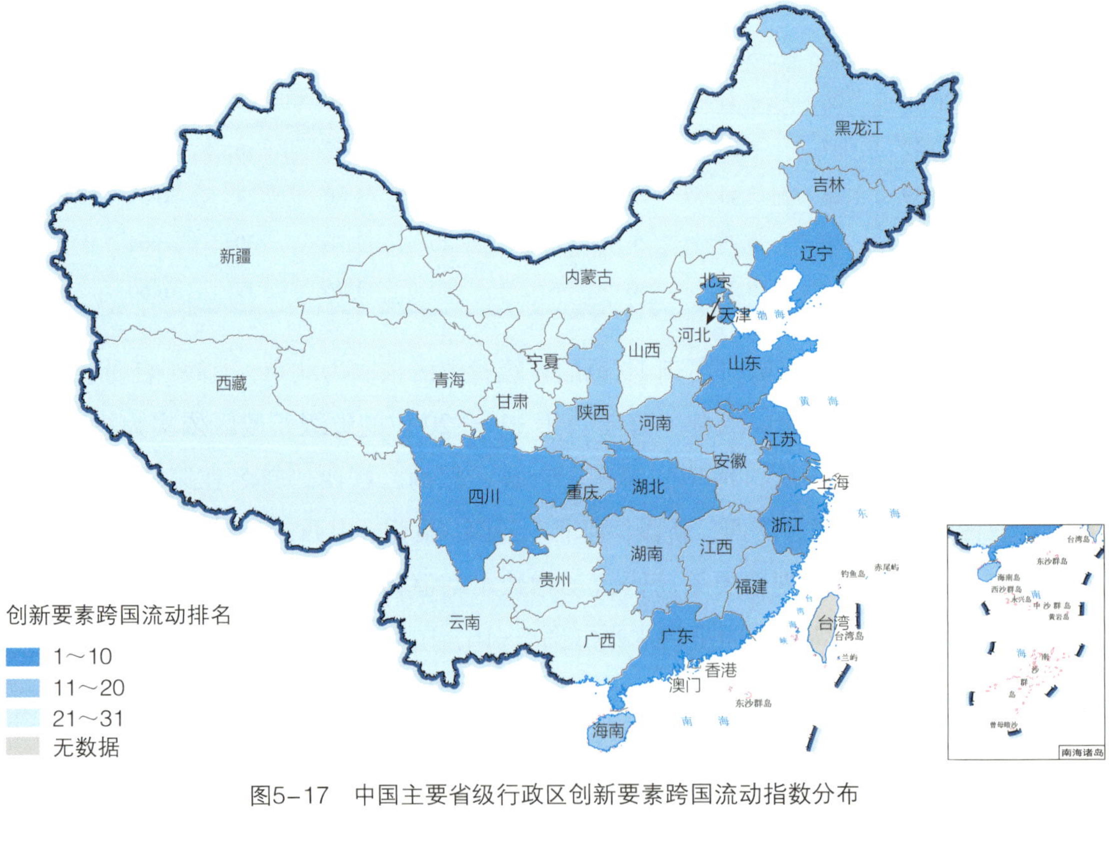

图5-17　中国主要省级行政区创新要素跨国流动指数分布

2.区域差异分析

（1）区域间差异分析

经分区域对比分析创新要素跨国流动指数以及人才要素、资金要素、知识要素和技术要素4项二级指标发现，创新要素跨国流动指数呈现较明显的区域差异（图5–18）。东部地区创新要素跨国流动水平最高，在人才要素、资金要素、知识要素和技术要素4项二级指标上均具备相对优势，因此创新要素跨国流动指数排名靠前；东北地区创新要素跨国流动表现相对较好，资金、知识和技术要素跨国流动水平在四大区域中均居第2位，人才要素跨国流动水平有待提升；中部地区创新要素跨国流动水平有待进一步提高，人才要素跨国流动水平相对较高；西部地区创新要素跨国流动指数相对较低，人才要素、资金要素和知识要素和技术要素跨国流动都有较大提升空间。

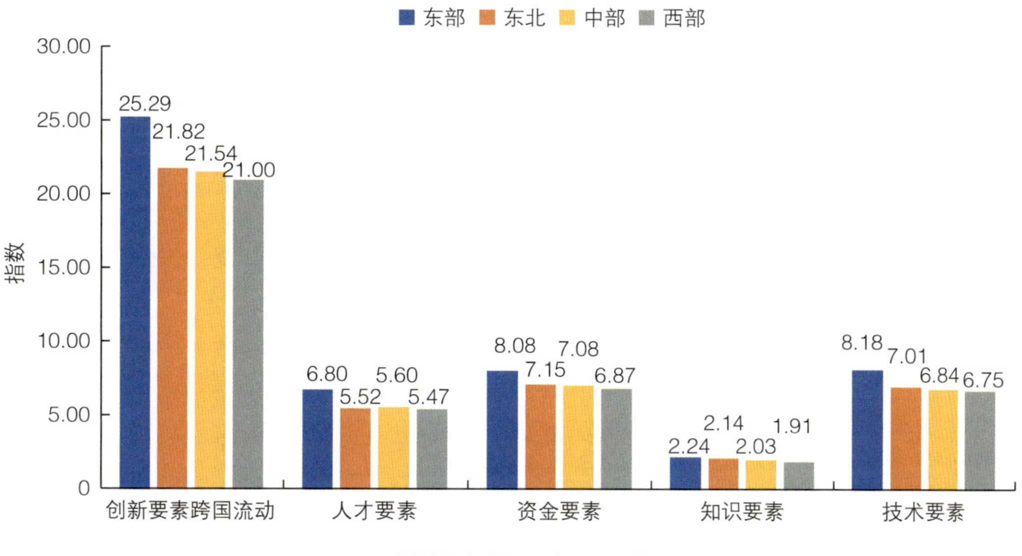

图5–18　四大地区创新要素跨国流动及二级指标指数情况

（2）区域内差异分析

东部地区，除福建、海南、河北以外，其余7个省级行政区排名均居全国前10位，且其创新要素跨国流动水平均高于全国平均水平（表5–7）。

中部地区，仅湖北居全国前10位，其余省级行政区排名位于全国中下游。除湖北外的5个省级行政区创新要素跨国流动水平均低于全国平均水平。

西部地区，四川居全国前 10 位，陕西、重庆分别为第 12 位、第 15 位，其余省级行政区均在第 20 位之后，创新要素跨国流动水平处于全国下游。除四川外的其他省级行政区创新要素跨国流动水平均低于全国平均水平。

东北地区，辽宁排名全国第 10 位，黑龙江、吉林分别为第 13 位、第 18 位，排名位于全国中上游，但 3 个省级行政区创新要素跨国流动水平均低于全国平均水平。

表5–7　创新要素跨国流动指数四大地区内部差异分析

区域	地区	排名	区域	地区	排名
东部	北京	1	西部	四川	8
	上海	2		陕西	12
	江苏	3		重庆	15
	广东	4		甘肃	21
	山东	5		广西	22
	浙江	6		新疆	23
	天津	9		云南	25
	福建	11		贵州	26
	海南	17		宁夏	28
	河北	24		内蒙古	29
中部	湖北	7		青海	30
	安徽	14		西藏	31
	河南	16	东北	辽宁	10
	湖南	19		黑龙江	13
	江西	20		吉林	18
	山西	27			

（二）二级指标指数排名与分析

1.人才要素

人才要素是进行创新研究、交流与合作的关键驱动力。本报告选取高新技术企业留学归国人员数量占年末从业人员总数比例、高新技术企业外籍常驻人员数量占年末从业人员总数比例、参加境外科技活动人数 3 项三级指标测量人才要素。中国主要省级行政区人才要素指数及排名如表 5–8 所示。

表5–8 中国主要省级行政区人才要素指数及排名

地区	指数	排名	地区	指数	排名
江苏	8.71	1	山东	5.57	16
上海	8.22	2	陕西	5.51	17
广东	8.12	3	安徽	5.51	18
北京	7.73	4	广西	5.48	19
海南	6.38	5	河北	5.47	20
湖北	6.08	6	吉林	5.47	21
福建	6.02	7	宁夏	5.41	22
浙江	6.01	8	贵州	5.41	23
四川	5.97	9	河南	5.41	24
辽宁	5.84	10	云南	5.36	25
江西	5.78	11	内蒙古	5.29	26
天津	5.76	12	黑龙江	5.25	27
重庆	5.73	13	甘肃	5.25	28
新疆	5.59	14	山西	5.24	29
湖南	5.57	15	青海	5.22	30

人才要素指数排名前 10 位的省级行政区依次为江苏、上海、广东、北京、海南、湖北、福建、浙江、四川、辽宁。第 11 ～ 20 位的省级行政区依次为江西、天津、重庆、新疆、湖南、山东、陕西、安徽、广西、河北。排名在第 20 位之后的省级行政区依次为吉林、宁夏、贵州、河南、云南、内蒙古、黑龙江、甘肃、山西、青海。主要省级行政区人才要素指数平均值为 5.94，前 9 个省级行政区人才要素指数高于全国平均水平（图 5–19）。

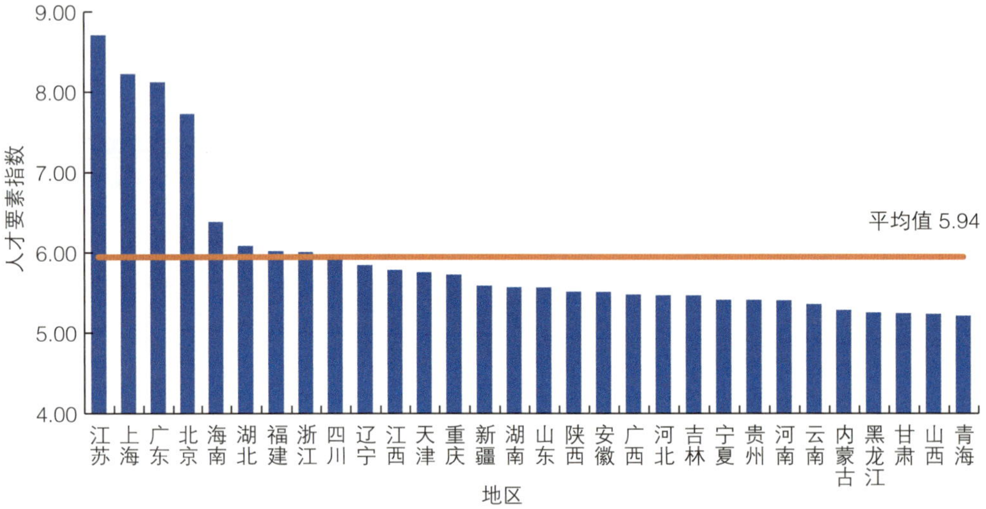

图5-19　中国主要省级行政区人才要素指数情况

根据四大地区人才要素指数测算结果，东部地区为人才要素指数最高区域，平均指数为6.80，区域内部指数极差为3.24，内部差距相对较大。东北、中部和西部地区指数低于全国平均水平，区域内部指数极差均低于1.00，内部差距相对较小（图5—20）。

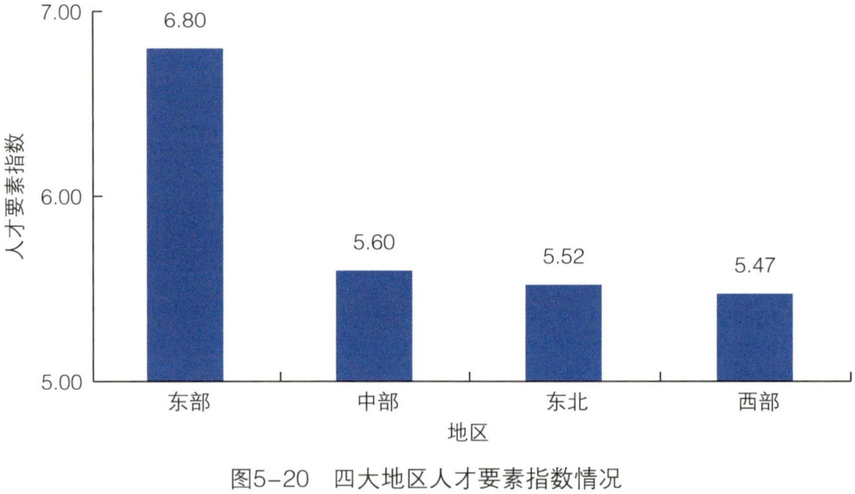

图5-20　四大地区人才要素指数情况

三级指标方面，主要省级行政区参加境外科技活动人数平均为107.93人次，高新技术企业留学归国人员数量占年末从业人员总数比例平均为0.30%、高新技术企业外籍常驻人员数量占年末从业人员总数比例平均为0.08%。

参加境外科技活动人数方面，各地参与情况差异较大，位居前三的地区为江苏、广东、海南，参与人数分别为 1114 人次、1068 人次、449 人次。高新技术企业留学归国人员占比方面，北京、上海作为高素质人才的重要集聚地，分别以 1.73%、1.58% 位居前二，远超其他省级行政区。高新技术企业外籍常驻人员占比方面，各省级行政区占比差异较小，上海、江苏分别以 0.29%、0.25% 位居前二，其余省级行政区该项指标数值均低于 0.20%（图 5–21）。

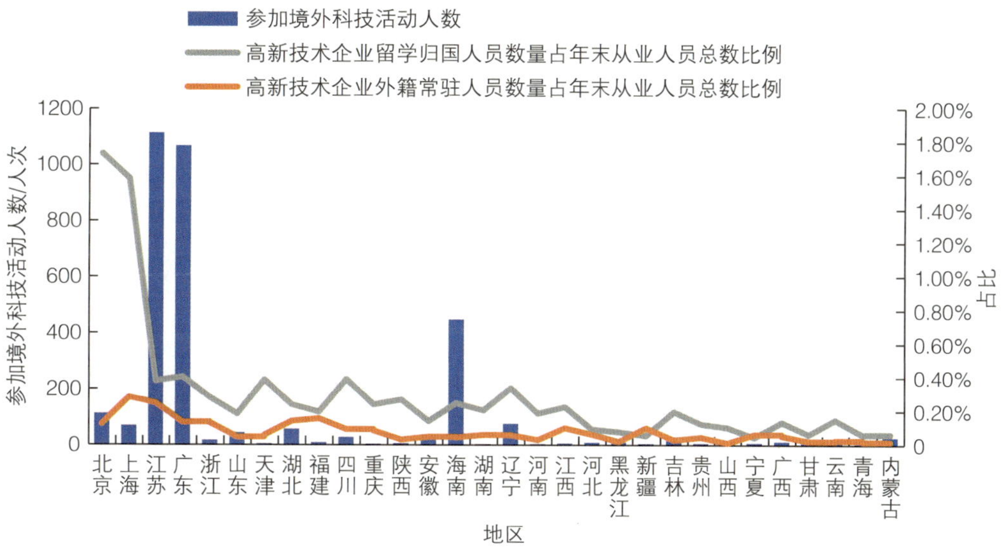

图5–21　参加境外科技活动人数、高新技术企业留学归国人员数量占年末从业人员总数比例与高新技术企业外籍常驻人员数量占年末从业人员总数比例

2.资金要素

资金要素是科技创新活动开展的重要支撑因素。本报告选取国外资金占 R&D 经费内部支出比例、对境外机构支出占 R&D 经费外部支出比例、国家级国际科技合作项目经费投入、各地区国际科技合作项目经费投入 4 项三级指标测量资金要素。中国主要省级行政区资金要素指数及排名如表 5–9 所示。

表5-9 中国主要省级行政区资金要素指数及排名

地区	指数	排名	地区	指数	排名
北京	11.73	1	陕西	7.10	16
上海	10.80	2	吉林	7.00	17
天津	7.88	3	广西	6.92	18
江苏	7.78	4	新疆	6.87	19
河南	7.59	5	重庆	6.85	20
四川	7.58	6	湖南	6.80	21
浙江	7.56	7	江西	6.77	22
广东	7.39	8	云南	6.72	23
湖北	7.39	9	山西	6.66	24
甘肃	7.32	10	河北	6.64	25
山东	7.30	11	内蒙古	6.62	26
安徽	7.27	12	海南	6.61	27
辽宁	7.25	13	宁夏	6.57	28
黑龙江	7.19	14	贵州	6.55	29
福建	7.10	15	青海	6.52	30

资金要素指数排名前10位的省级行政区依次为北京、上海、天津、江苏、河南、四川、浙江、广东、湖北、甘肃。第11～20位的省级行政区依次为山东、安徽、辽宁、黑龙江、福建、陕西、吉林、广西、新疆、重庆。排名在第20位之后的省级行政区依次为湖南、江西、云南、山西、河北、内蒙古、海南、宁夏、贵州、青海。主要省级行政区资金要素指数平均值为7.34，有9个省级行政区资金要素指数高于全国平均水平（图5–22）。

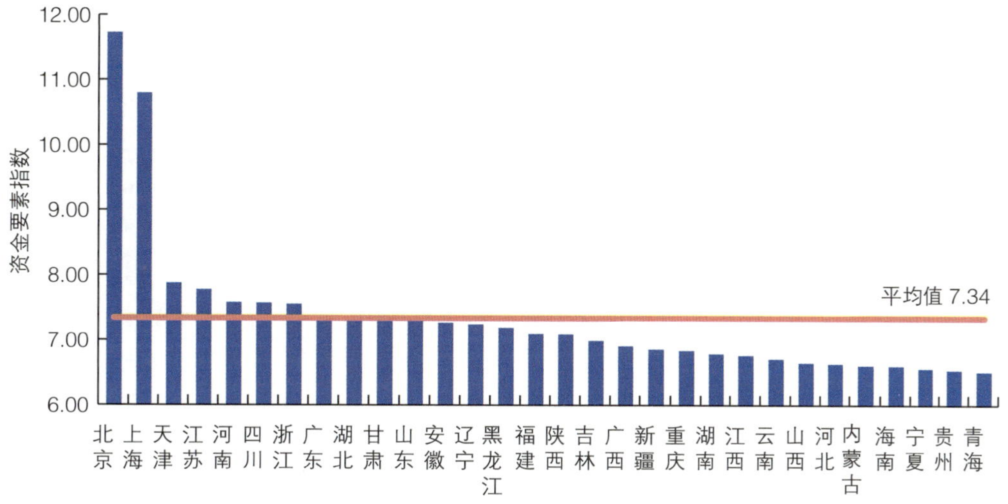

图5-22　中国主要省级行政区资金要素指数情况

根据四大地区资金要素指数测算结果，东部地区为资金要素指数最高区域，区域内部指数极差为 5.12，内部差距相对较大；东北、中部和西部地区指数低于全国平均水平，区域内部指数极差均低于 1.50，内部差距相对较小（图 5–23）。

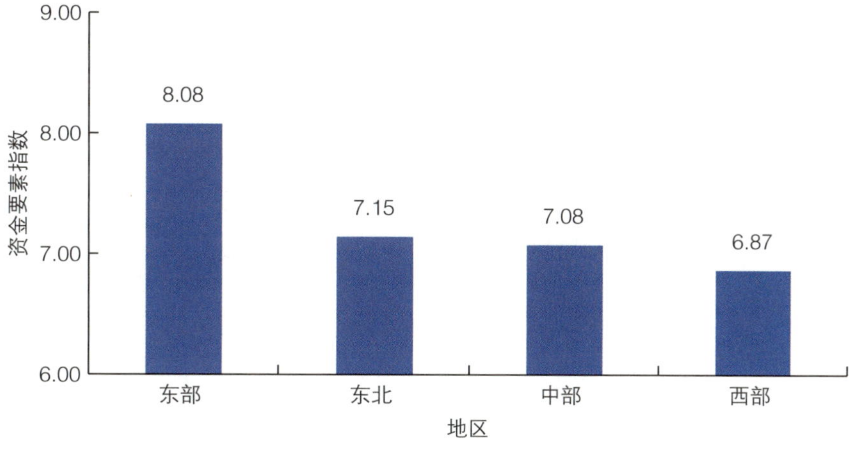

图5-23　四大地区资金要素指数情况

三级指标方面，国外资金占 R&D 经费内部支出比例与对境外机构支出占 R&D 经费外部支出比例体现了整体层面的科技创新合作资金支出结构。主要省级行政区的国外资金占 R&D 经费内部支出比例平均为 0.23%，对境外机构支出占 R&D 经费外部支出比例平均为 13.17%。

国外资金占 R&D 经费内部支出比例方面，各地区占比差异较小，上海为全国唯一国外资金占比超过 1% 的地区，其占比为 1.47%；北京、河南、安徽分别以 0.93%、0.92%、0.50% 位列其后。对境外机构支出占 R&D 经费外部支出比例方面，不同地区占比差异较大，上海、天津、黑龙江、江苏、辽宁 5 个省级行政区占比分别为 63.13%、50.99%、34.14%、21.76%、21.64%，均超过 20%（图 5–24）。

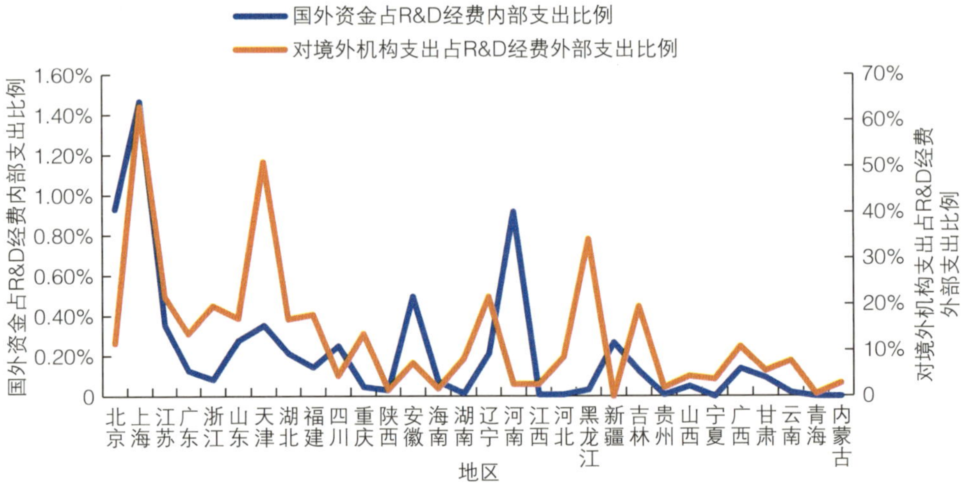

图5–24　国外资金占R&D经费内部支出比例与对境外机构支出占R&D经费外部支出比例

国家级国际科技合作项目经费投入和各地区国际科技合作项目经费投入（简称“国家级和各地区国际科技合作项目经费投入”）从具体的合作项目支出角度刻画了资金要素的跨国流动情况。我国主要省级行政区的国家级国际科技合作项目经费投入平均为 5165.50 万元，各地区国际科技合作项目经费投入平均为 31 104.96 万元。

北京以 52 994 万元、298 359.72 万元的国家级和各地区国际科技合作项目经费投入位居第一，远超其他地区。甘肃、上海、浙江、江苏为国家级国际科技合作项目经费投入超过 10 000 万元的地区。上海、四川、陕西为各地区国际科技合作项目经费投入超过 50 000 万元的地区（图 5–25）。

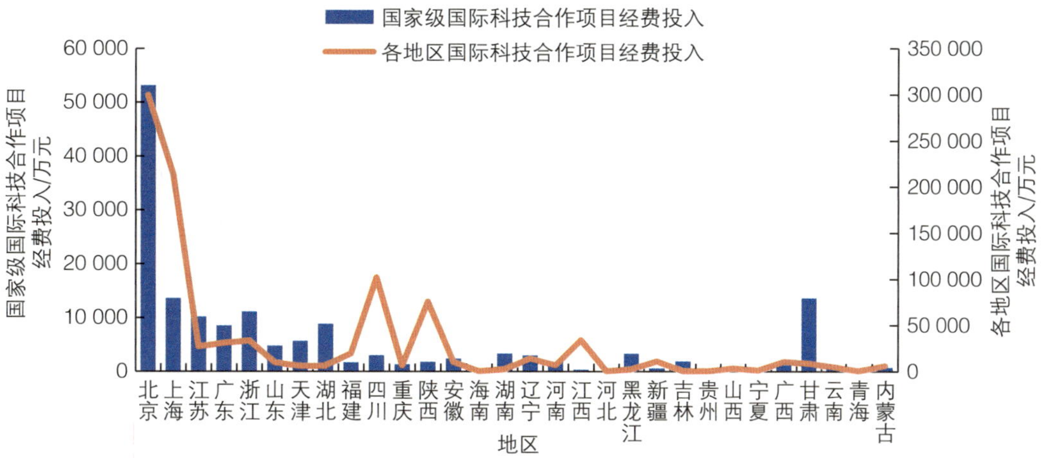

图5-25　国家级和各地区国际科技合作项目经费投入

3.知识要素

知识要素是创新活动开展的理论基础。本报告选取国外主要检索工具收录我国科技论文数量、国际专利申请数量占地区专利申请总数比例 2 项三级指标测度知识要素。中国主要省级行政区知识要素指数及排名如表 5-10 所示。

表5-10　中国主要省级行政区知识要素指数及排名

地区	指数	排名	地区	指数	排名
北京	3.45	1	山西	1.92	16
上海	2.46	2	天津	1.92	17
江苏	2.41	3	福建	1.91	18
陕西	2.38	4	河南	1.90	19
湖北	2.29	5	广西	1.88	20
浙江	2.22	6	河北	1.84	21
广东	2.22	7	云南	1.83	22
四川	2.17	8	甘肃	1.82	23
山东	2.15	9	宁夏	1.80	24
吉林	2.15	10	江西	1.79	25
黑龙江	2.14	11	海南	1.78	26
辽宁	2.13	12	贵州	1.77	27
安徽	2.13	13	新疆	1.77	28
湖南	2.12	14	青海	1.76	29
重庆	2.05	15	内蒙古	1.76	30

知识要素指数排名前10位的省级行政区依次为北京、上海、江苏、陕西、湖北、浙江、广东、四川、山东、吉林。第11～20位的省级行政区依次为黑龙江、辽宁、安徽、湖南、重庆、山西、天津、福建、河南、广西。排名在第20位之后的省级行政区依次为河北、云南、甘肃、宁夏、江西、海南、贵州、新疆、青海、内蒙古。主要省级行政区知识要素指数平均值为2.06，有14个省级行政区知识要素指数高于全国平均水平（图5–26）。

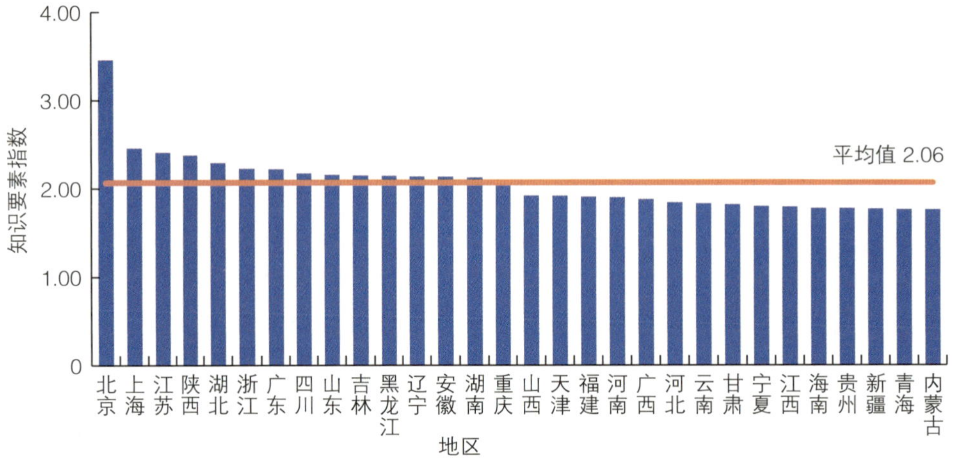

图5–26　中国主要省级行政区知识要素指数情况

根据四大地区知识要素指数测算结果，东部地区为知识要素指数最高区域，区域内部指数极差为1.68；东北地区指数高于全国平均水平，中部和西部地区指数低于全国平均水平。四大地区区域内部指数极差均低于1.70，内部差距相对较小（图5–27）。

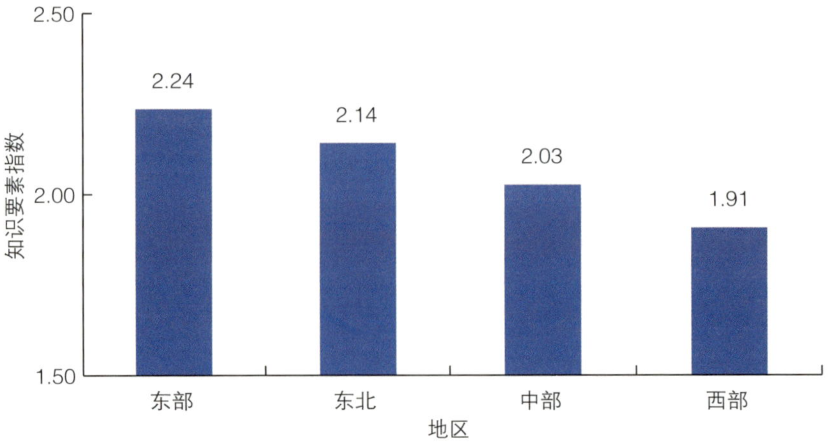

图5–27　四大地区知识要素指数情况

三级指标方面，主要省级行政区的国外主要检索工具收录我国科技论文数量平均为25 751.83篇，北京、江苏、上海、广东均拥有5万篇以上论文数量，分别为124 941篇、81 187篇、60 314篇、50 150篇；国际专利申请数量占地区专利申请总数比例平均为7.94%，北京、陕西、上海、吉林、湖北、黑龙江、安徽的比例均达10%以上，分别为24.98%、12.22%、11.58%、11.55%、10.72%、10.64%、10.59%（图5–28）。

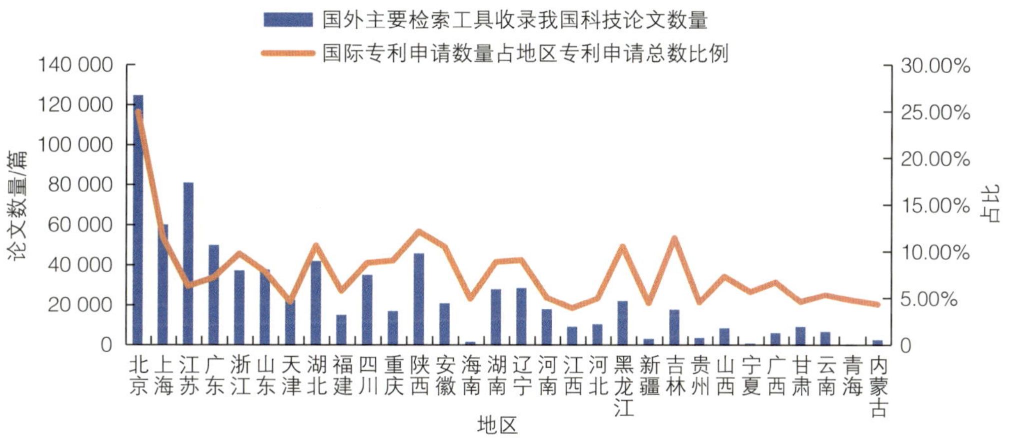

图5–28　国外主要检索工具收录我国科技论文数量与国际专利申请数量占地区专利申请总数比例

4.技术要素

技术要素是开展创新活动的重要禀赋。本报告选取国外技术引进合同金额、国家技术转移机构促成国际技术转移项目成交金额、ICT 服务出口占地区出口总额比例 3 项三级指标测度技术要素。中国主要省级行政区技术要素指数及排名如表5–11 所示。

表5–11　中国主要省级行政区技术要素指数及排名

地区	指数	排名	地区	指数	排名
北京	12.02	1	天津	7.29	8
山东	9.34	2	四川	7.18	9
广东	8.70	3	黑龙江	7.16	10
江苏	8.53	4	辽宁	7.07	11
上海	8.34	5	重庆	7.07	12
湖北	7.34	6	陕西	6.85	13
浙江	7.33	7	江西	6.83	14

续表

地区	指数	排名	地区	指数	排名
福建	6.83	15	河南	6.64	23
安徽	6.81	16	内蒙古	6.64	24
湖南	6.79	17	云南	6.64	25
吉林	6.79	18	新疆	6.63	26
贵州	6.75	19	宁夏	6.61	27
海南	6.74	20	山西	6.60	28
广西	6.65	21	青海	6.60	29
河北	6.65	22	甘肃	6.59	30

技术要素指数排名前 10 位的省级行政区依次为北京、山东、广东、江苏、上海、湖北、浙江、天津、四川、黑龙江。第 11 ~ 20 位的省级行政区依次为辽宁、重庆、陕西、江西、福建、安徽、湖南、吉林、贵州、海南。排名在第 20 位之后的省级行政区依次为广西、河北、河南、内蒙古、云南、新疆、宁夏、山西、青海、甘肃。主要省级行政区技术要素指数平均值为 7.27，有 8 个省级行政区技术要素指数高于全国平均水平（图 5–29）。

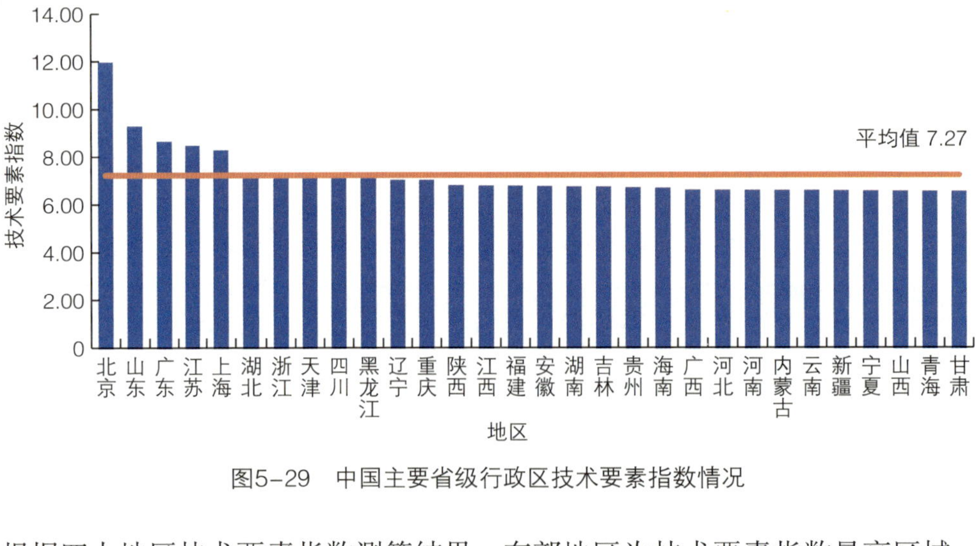

图5–29　中国主要省级行政区技术要素指数情况

根据四大地区技术要素指数测算结果，东部地区为技术要素指数最高区域，区域内部指数极差为 5.37，内部差距相对较大。东北、西部和中部地区指数低于全国平均水平，区域内部指数极差均低于 1.00，内部差距相对较小（图 5–30）。

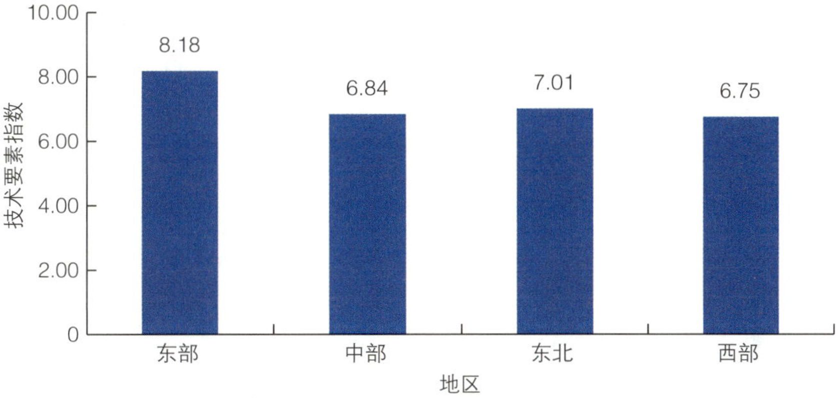

图5-30　四大地区技术要素指数情况

三级指标方面，国外技术引进合同金额与国家技术转移机构促成国际技术转移项目成交金额体现了技术要素的跨国合作情况。我国主要省级行政区的国外技术引进合同金额平均为 10.61 亿美元，国家技术转移机构促成国际技术转移项目成交金额平均为 21 259.15 万元。各区域引进合同金额与技术转移项目成交金额差异较大。广东、上海、北京、江苏 4 个省级行政区国外技术引进合同金额均高于 20 亿美元；北京、山东、江苏 3 个省级行政区国家技术转移机构促成国际技术转移项目成交金额均高于 5 亿元（图 5–31）。

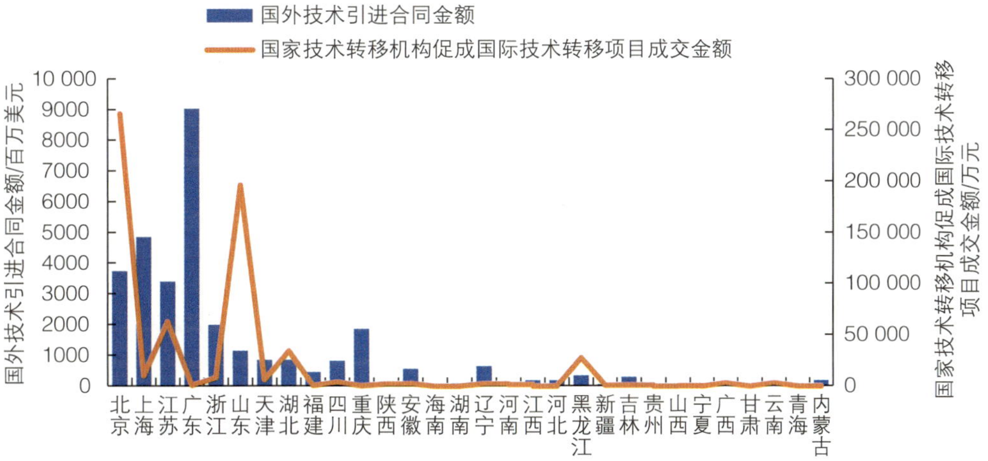

图5-31　国外技术引进合同金额与国家技术转移机构促成国际技术转移项目成交金额

ICT 服务出口占地区出口总额比例从贸易角度衡量了技术要素的国际流动情况。主要省级行政区的 ICT 服务出口占地区出口总额比例平均为 1.87%，其中，北京 ICT

服务出口占地区出口总额比例为 15%，遥遥领先于其他地区；上海、江苏、天津、山东、四川、辽宁、陕西 7 个省级行政区 ICT 服务出口占地区出口总额比例均高于全国平均水平（图 5–32）。

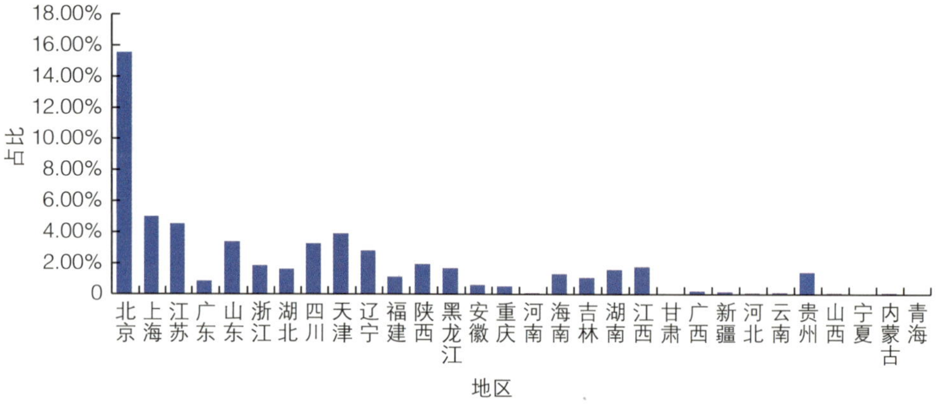

图5–32　ICT服务出口占地区出口总额比例

三、开放创新环境

开放创新环境为科技创新提供良好的创新生态，有助于推动科技创新合作机制建立健全、合作渠道畅通、创新资源共享等。中国科技创新国际化指数通过测度区域发展水平、制度环境、经济开放度 3 项二级指标及 9 项三级指标考察开放创新环境情况。

（一）一级指标指数排名与分析

1. 指数排名概况

根据开放创新环境的测度体系和权重标准，中国主要省级行政区开放创新环境指数及排名如表 5–12 所示。

表5–12　中国主要省级行政区开放创新环境指数及排名

地区	开放创新环境		二级指标					
			区域发展水平		制度环境		经济开放度	
	指数	排名	指数	排名	指数	排名	指数	排名
上海	29.51	1	10.46	2	8.41	1	10.64	1
北京	27.76	2	10.82	1	8.01	2	8.93	2

续表

地区	开放创新环境		二级指标					
			区域发展水平		制度环境		经济开放度	
	指数	排名	指数	排名	指数	排名	指数	排名
广东	24.56	3	8.21	8	7.92	3	8.44	3
江苏	24.25	4	9.31	3	7.36	5	7.59	8
浙江	23.99	5	8.63	6	7.27	6	8.09	5
天津	23.95	6	9.26	4	6.47	9	8.22	4
重庆	22.11	7	8.27	7	7.43	4	6.41	18
福建	21.93	8	8.80	5	6.36	10	6.77	15
四川	21.35	9	7.69	10	7.08	7	6.58	16
江西	21.16	10	7.27	21	5.95	16	7.93	6
山东	21.13	11	7.86	9	6.05	14	7.21	11
湖南	21.00	12	7.09	23	6.33	11	7.58	9
安徽	20.87	13	7.17	22	6.22	13	7.48	10
陕西	20.81	14	7.65	12	6.25	12	6.90	13
海南	20.65	15	7.64	14	5.20	25	7.82	7
湖北	20.54	16	7.45	17	6.66	8	6.43	17
河北	19.81	17	7.27	20	5.74	19	6.79	14
河南	19.78	18	6.84	26	5.97	15	6.98	12
辽宁	19.65	19	7.48	16	5.81	17	6.36	19
山西	18.81	20	7.64	13	5.33	24	5.84	22
宁夏	18.72	21	7.66	11	5.37	22	5.69	26
广西	18.51	22	6.88	25	5.52	21	6.10	20
吉林	18.06	23	7.34	19	5.16	26	5.56	27
新疆	17.99	24	7.43	18	4.86	28	5.70	25
云南	17.96	25	6.39	30	5.81	18	5.76	23
黑龙江	17.77	26	6.69	28	5.37	23	5.71	24
青海	17.76	27	7.54	15	4.80	29	5.41	30
贵州	17.68	28	6.61	29	5.64	20	5.43	29
内蒙古	17.37	29	6.90	24	4.62	30	5.85	21
甘肃	17.06	30	6.70	27	4.92	27	5.44	28

开放创新环境指数排名前10位的省级行政区依次为上海、北京、广东、江苏、浙江、天津、重庆、福建、四川、江西。第11～20位的省级行政区依次为山东、湖南、安徽、陕西、海南、湖北、河北、河南、辽宁、山西。排名在第20位之后的省级行政区依

次为宁夏、广西、吉林、新疆、云南、黑龙江、青海、贵州、内蒙古、甘肃。主要省级行政区开放创新环境指数平均值为 20.75，其中 14 个省级行政区开放创新环境水平高于全国平均水平（图 5–33、图 5–34）。

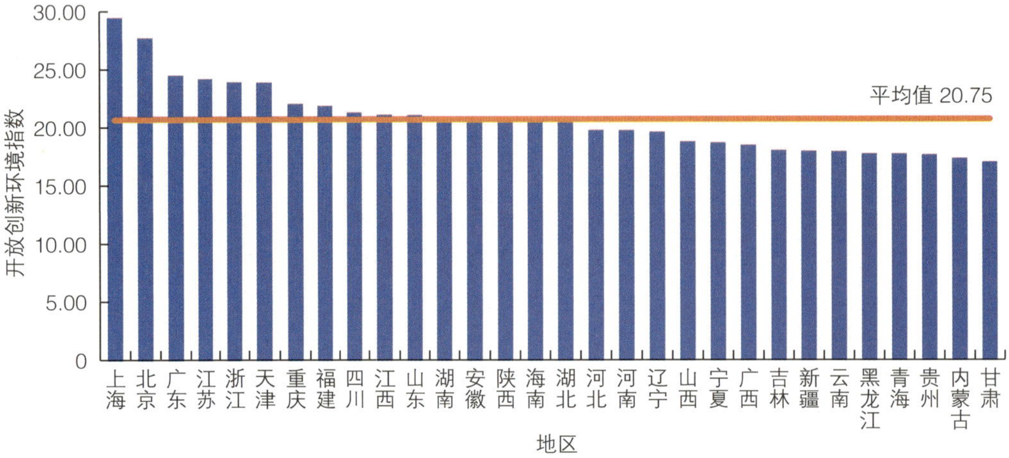

图5–33　中国主要省级行政区开放创新环境指数情况

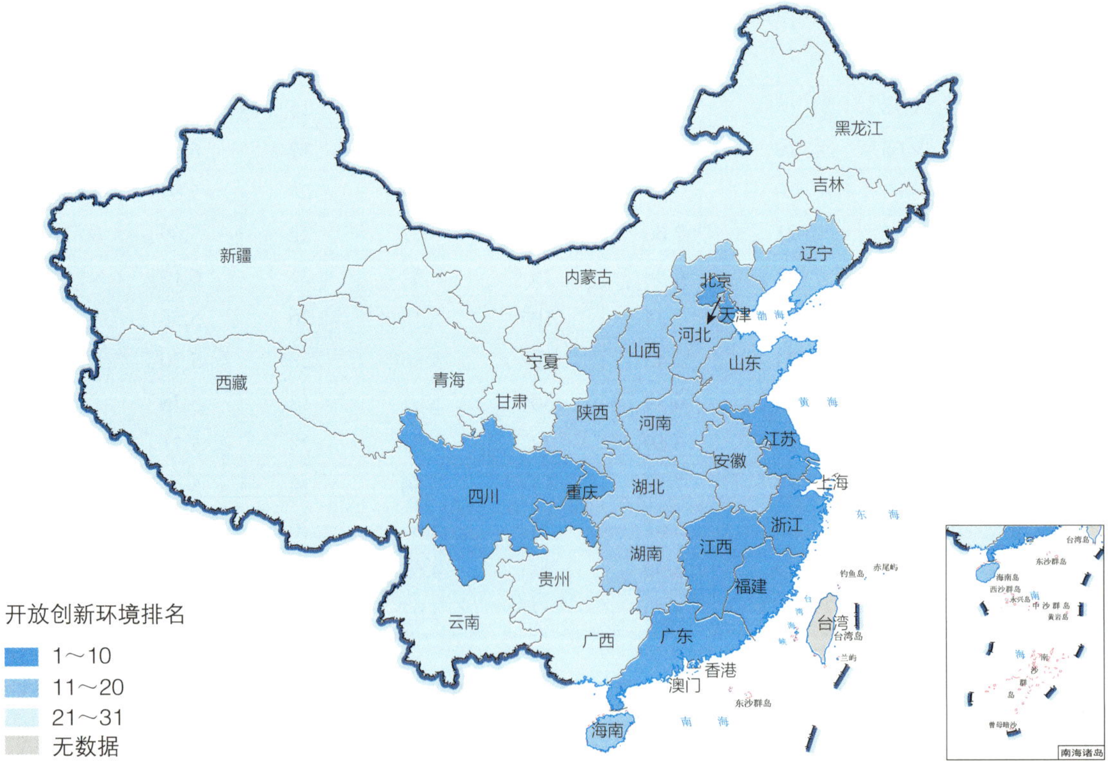

图5–34　中国主要省级行政区开放创新环境指数分布

2. 区域差异分析

（1）区域间差异分析

经分区域对比分析开放创新环境指数及区域发展水平、制度环境和经济开放度 3 项二级指标发现，开放创新环境指数呈现较明显的区域差异（图 5–35）。东部地区开放创新环境水平最高，在区域发展水平、制度环境和经济开放度 3 项二级指标上均具备相对优势，开放创新环境指数排名靠前。中部地区开放创新环境表现相对较好，除区域发展水平外，其他二级指标高于四大地区平均水平。西部地区区域发展水平与经济开放度指标表现相对较好，制度环境有待进一步提高。东北地区开放创新环境水平相对较低，区域发展水平具备一定的发展基础，经济开放度和制度环境指标都有较大提升空间。

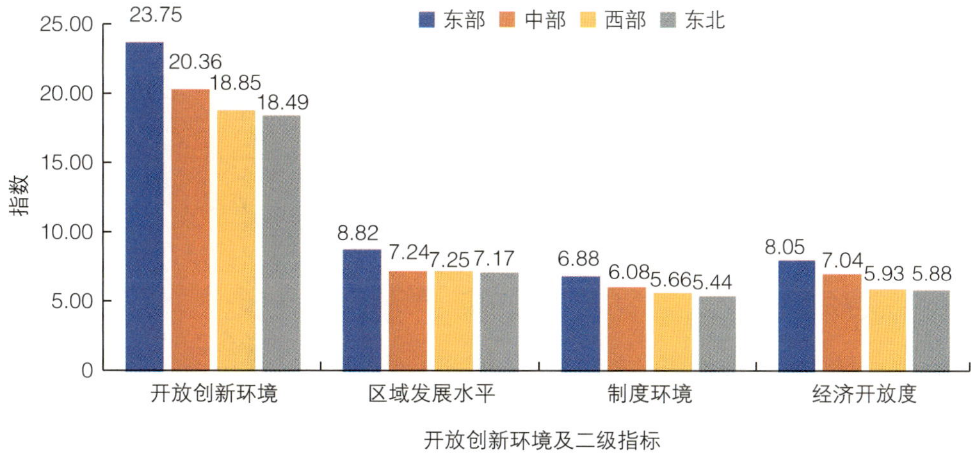

图5–35　四大地区开放创新环境及二级指标指数情况

（2）区域内差异分析

东部地区，除山东、海南、河北以外，其余 7 个省级行政区均居全国前 10 位。

中部地区均位于全国第 10 ~ 20 位，属于中游水平。其中，江西、湖南、安徽的开放创新环境水平高于全国平均水平。

西部地区，重庆、四川位于全国前 10 位，陕西的开放创新环境水平也高于全国平均水平。

东北地区的开放创新环境指数均低于全国平均水平，辽宁、吉林、黑龙江分列第19位、第23位、第26位，排名在全国均相对落后（表5–13）。

表5–13　开放创新环境指数四大地区内部差异分析

区域	地区	排名	区域	地区	排名
东部	上海	1	西部	重庆	7
	北京	2		四川	9
	广东	3		陕西	14
	江苏	4		宁夏	21
	浙江	5		广西	22
	天津	6		新疆	24
	福建	8		云南	25
	山东	11		青海	27
	海南	15		贵州	28
	河北	17		内蒙古	29
中部	江西	10		甘肃	30
	湖南	12		西藏	31
	安徽	13	东北	辽宁	19
	湖北	16		吉林	23
	河南	18		黑龙江	26
	山西	20			

（二）二级指标指数排名与分析

1. 区域发展水平

选取人均GDP、二三产业增加值占地区生产总值比例、互联网宽带普及率、万元地区生产总值能耗降低率4项三级指标测量区域发展水平，计算得到中国主要省级行政区区域发展水平指数及排名如表5–14所示。

表5-14 中国主要省级行政区区域发展水平指数及排名

地区	指数	排名	地区	指数	排名
北京	10.82	1	辽宁	7.48	16
上海	10.46	2	湖北	7.45	17
江苏	9.31	3	新疆	7.43	18
天津	9.26	4	吉林	7.34	19
福建	8.80	5	河北	7.27	20
浙江	8.63	6	江西	7.27	21
重庆	8.27	7	安徽	7.17	22
广东	8.21	8	湖南	7.09	23
山东	7.86	9	内蒙古	6.90	24
四川	7.69	10	广西	6.88	25
宁夏	7.66	11	河南	6.84	26
陕西	7.65	12	甘肃	6.70	27
山西	7.64	13	黑龙江	6.69	28
海南	7.64	14	贵州	6.61	29
青海	7.54	15	云南	6.39	30

区域发展水平指数排名前10位的省级行政区依次为北京、上海、江苏、天津、福建、浙江、重庆、广东、山东、四川。第11～20位的省级行政区依次为宁夏、陕西、山西、海南、青海、辽宁、湖北、新疆、吉林、河北。排名在第20位之后的省级行政区依次为江西、安徽、湖南、内蒙古、广西、河南、甘肃、黑龙江、贵州、云南。主要省级行政区区域发展水平指数平均值为7.76，其中9个省级行政区区域发展水平高于全国平均水平（图5-36）。

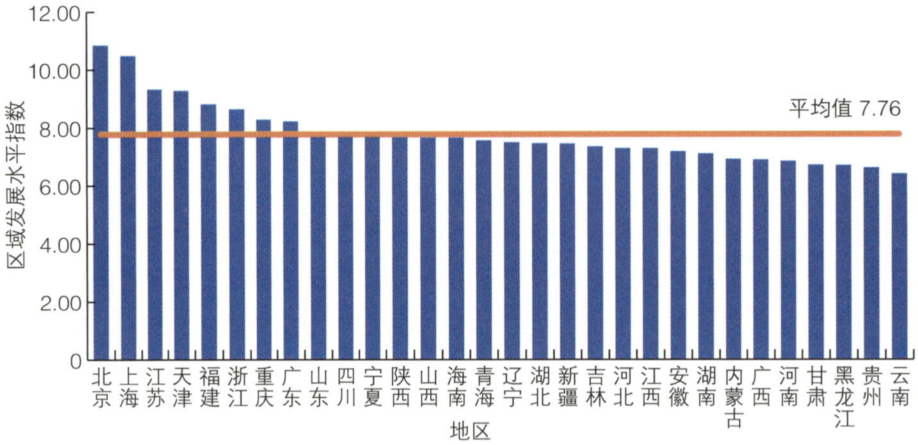

图5-36 中国主要省级行政区区域发展水平指数情况

根据四大地区区域发展水平指数测算结果，东部地区为区域发展水平指数最高区域，区域内部指数极差相对较大，为 3.55。中部、西部和东北地区区域发展水平指数均低于全国平均水平，区域内部差距相对较小（图 5–37）。

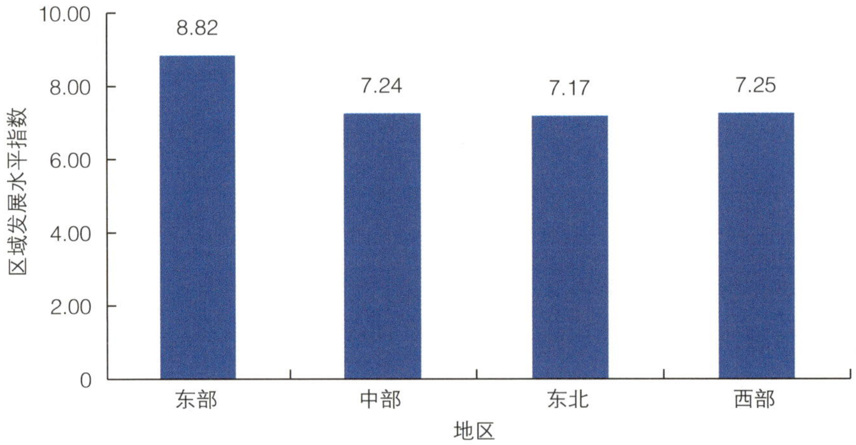

图5-37 四大地区区域发展水平指数情况

从三级指标看，主要省级行政区的人均 GDP 平均为 71 401.3 元。其中，北京、上海、江苏等 6 个省级行政区人均 GDP 高于 10 万元；广东、重庆、湖北等 19 个省级行政区人均 GDP 为 5 万～ 10 万元；河北、贵州、广西等 5 个省级行政区人均 GDP 低于 5 万元（图 5–38）。

二三产业增加值占地区生产总值比例平均为 90.37%。其中，北京、上海、天津等 17 个省级行政区二三产业增加值占地区生产总值比例高于 90%；湖南、河北、青海等 11 个省级行政区二三产业增加值占地区生产总值比例为 80% ~ 90%；海南、黑龙江 2 个省级行政区的二三产业增加值占地区生产总值比例为 70% ~ 80%。

互联网宽带普及率平均为 69.35%。其中，北京、上海、浙江、天津、江苏、海南、福建 7 个省级行政区互联网宽带普及率均高于 80%；辽宁、宁夏、四川等 14 个省级行政区互联网宽带普及率为 60% ~ 80%；内蒙古、甘肃等省级行政区互联网宽带普及率不足 60%。

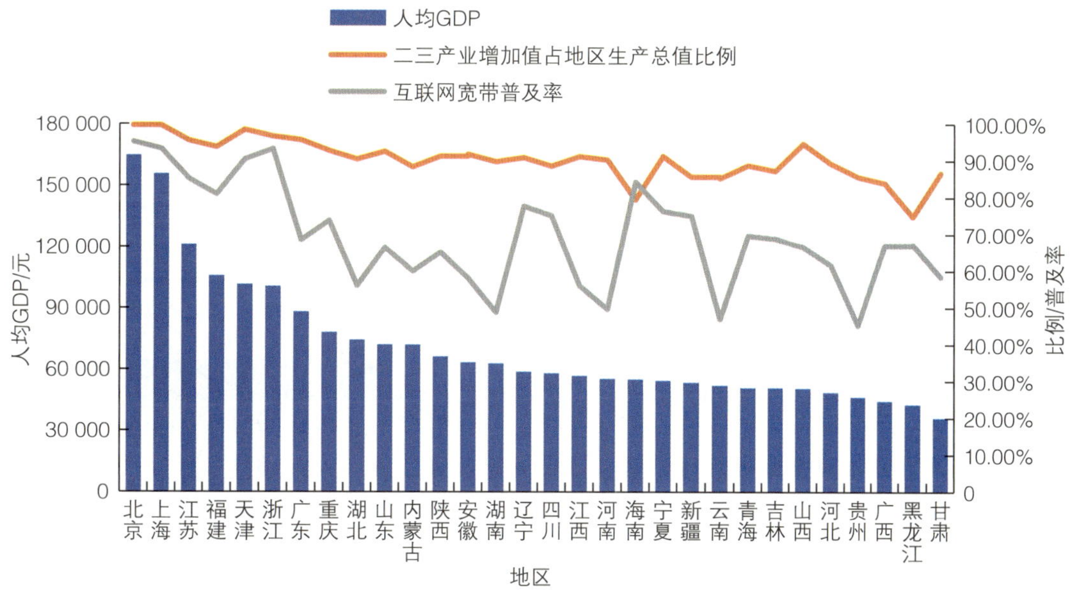

图5-38　人均GDP、二三产业增加值占地区生产总值比例、互联网宽带普及率

万元地区生产总值能耗降低率平均为 1.20%。其中，北京、上海的万元地区生产总值能耗降低率高于 5%；重庆、青海、海南等 20 余个省级行政区万元地区生产总值能耗降低率为 0 ~ 5%；河南、广西、安徽等 7 个省级行政区的万元地区生产总值能耗降低率为负值（图 5-39）。

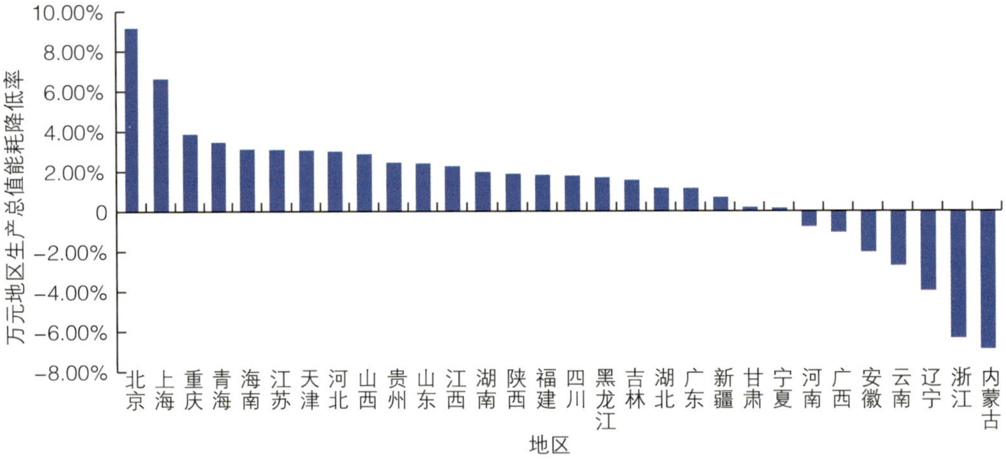

图5-39　万元地区生产总值能耗降低率

2. 制度环境

选取政府与市场关系、省会城市营商环境、市场中介组织发育和法治环境 3 项三级指标测量制度环境，计算得到中国主要省级行政区制度环境指数及排名如表 5-15 所示。

表5-15　中国主要省级行政区制度环境指数及排名

地区	指数	排名	地区	指数	排名
上海	8.41	1	江西	5.95	16
北京	8.01	2	辽宁	5.81	17
广东	7.92	3	云南	5.81	18
重庆	7.43	4	河北	5.74	19
江苏	7.36	5	贵州	5.64	20
浙江	7.27	6	广西	5.52	21
四川	7.08	7	宁夏	5.37	22
湖北	6.66	8	黑龙江	5.37	23
天津	6.47	9	山西	5.33	24
福建	6.36	10	海南	5.20	25
湖南	6.33	11	吉林	5.16	26
陕西	6.25	12	甘肃	4.92	27
安徽	6.22	13	新疆	4.86	28
山东	6.05	14	青海	4.80	29
河南	5.97	15	内蒙古	4.62	30

制度环境指数排名前10位的省级行政区依次为上海、北京、广东、重庆、江苏、浙江、四川、湖北、天津、福建。第11～20位的省级行政区依次为湖南、陕西、安徽、山东、河南、江西、辽宁、云南、河北、贵州。排名在第20位之后的省级行政区依次为广西、宁夏、黑龙江、山西、海南、吉林、甘肃、新疆、青海、内蒙古。主要省级行政区制度环境指数平均值为6.13，其中13个省级行政区制度环境指数高于全国平均水平（图5–40）。

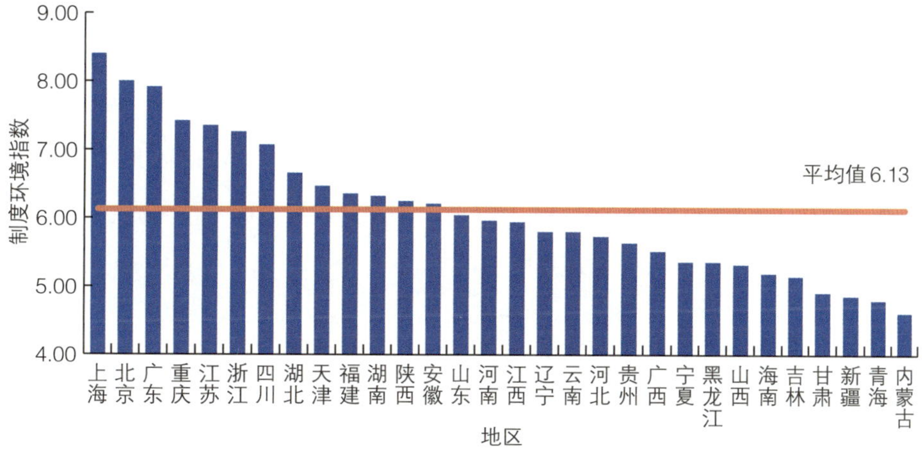

图5–40　中国主要省级行政区制度环境指数情况

根据四大地区制度环境指数测算结果，东部地区为制度环境指数最高区域，区域内部指数极差为3.21，内部差距最大；中部地区位列其后，区域内部指数极差为1.33，内部差距相对较小。西部区域内部指数极差为2.81，内部具有一定差距。东北区域内部指数极差为0.65，内部差距相对最小（图5–41）。

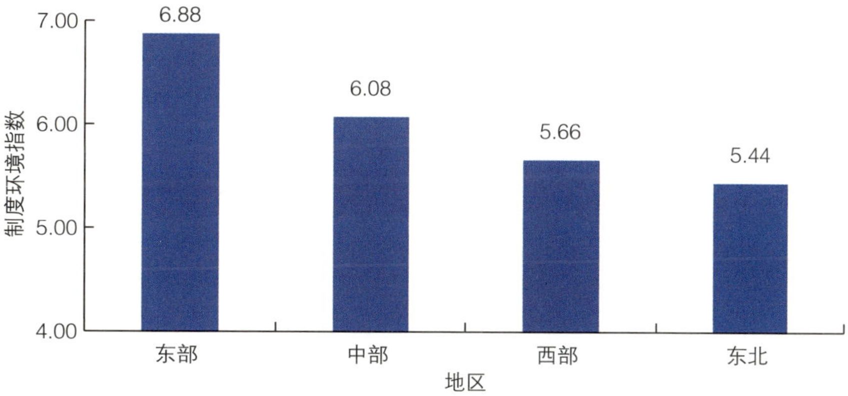

图5–41　四大地区制度环境指数情况

从三级指标看，市场中介组织发育和法治环境平均指数为 10.38。上海指数为 14.30，为指数最高地区。上海、广东、江苏等 16 个省级行政区市场中介组织发育和法治环境指数高于 10；湖南、河南、甘肃等省级行政区市场中介组织发育和法治环境指数低于 10（图 5–42）。

政府与市场关系平均指数为6.32。江苏指数为13.42，为指数最高地区。江苏、上海、广东等 20 个省级行政区政府与市场关系指数高于 5；山西、贵州、海南等省级行政区政府与市场关系指数低于 5。

省会城市营商环境平均指数为 0.37。上海指数为 0.61，为指数最高地区。上海、北京、广东等 10 个省级行政区省会城市营商环境指数高于 0.4；河南、天津、云南等省级行政区省会城市营商环境指数低于 0.4。

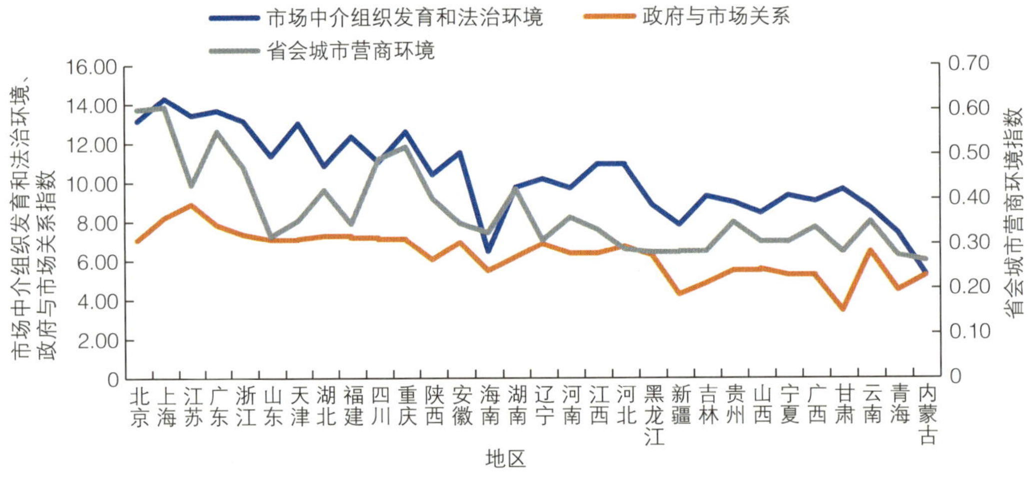

图5–42　市场中介组织发育和法治环境、政府与市场关系与省会城市营商环境指数

3. 经济开放度

选取投资开放度、贸易开放度 2 项三级指标测量经济开放度，计算得到中国主要省级行政区经济开放度指数及排名如表 5–16 所示。

表5-16　中国主要省级行政区经济开放度指数及排名

地区	指数	排名	地区	指数	排名
上海	10.64	1	四川	6.58	16
北京	8.93	2	湖北	6.43	17
广东	8.44	3	重庆	6.41	18
天津	8.22	4	辽宁	6.36	19
浙江	8.09	5	广西	6.10	20
江西	7.93	6	内蒙古	5.85	21
海南	7.82	7	山西	5.84	22
江苏	7.59	8	云南	5.76	23
湖南	7.58	9	黑龙江	5.71	24
安徽	7.48	10	新疆	5.70	25
山东	7.21	11	宁夏	5.69	26
河南	6.98	12	吉林	5.56	27
陕西	6.90	13	甘肃	5.44	28
河北	6.79	14	贵州	5.43	29
福建	6.77	15	青海	5.41	30

经济开放度指数排名前 10 位的省级行政区依次为上海、北京、广东、天津、浙江、江西、海南、江苏、湖南、安徽。第 11 ～ 20 位的省级行政区依次为山东、河南、陕西、河北、福建、四川、湖北、重庆、辽宁、广西。排名在第 20 位之后的省级行政区依次为内蒙古、山西、云南、黑龙江、新疆、宁夏、吉林、甘肃、贵州、青海。主要省级行政区经济开放度指数平均值为 6.86，其中 13 个省级行政区经济开放度指数高于全国平均水平（图 5–43）。

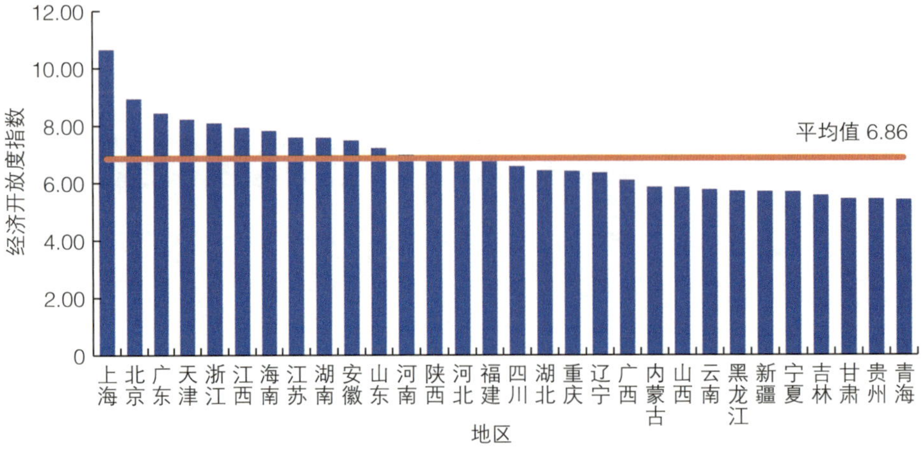

图5-43　中国主要省级行政区经济开放度指数情况

根据四大地区经济开放度指数测算结果，东部地区为经济开放度指数最高区域，区域内部指数极差为 3.86，内部差距相对较大。东北、中部和西部地区区域内部指数极差均低于 2.50，内部差距相对较小（图 5–44）。

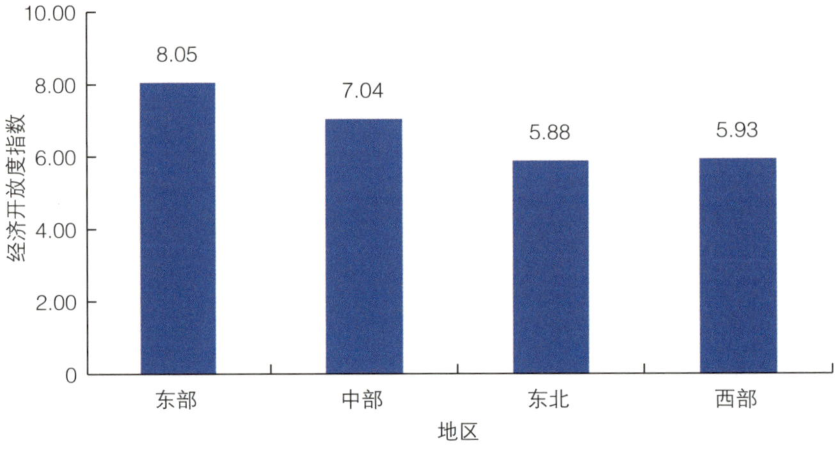

图5-44　四大地区经济开放度指数情况

三级指标方面，贸易开放度与投资开放度从经济角度刻画了区域对外开放水平。主要省级行政区的贸易开放度平均为 23.21%，投资开放度平均为 1.80%。

上海贸易开放度为 90.11%，投资开放度为 5.53%，两项指标均居全国第 1 位，远超全国平均水平，处于头部引领地位。北京贸易开放度为 64.57%，投资开放度为

3.63%，两项指标分列全国第 2 位和第 4 位。此外，江西投资开放度达 4.07%，居全国第 2 位，仅次于上海。海南投资开放度达 3.81%，居全国第 3 位。广东贸易开放度达 63.99%，居全国第 3 位（图 5–45）。

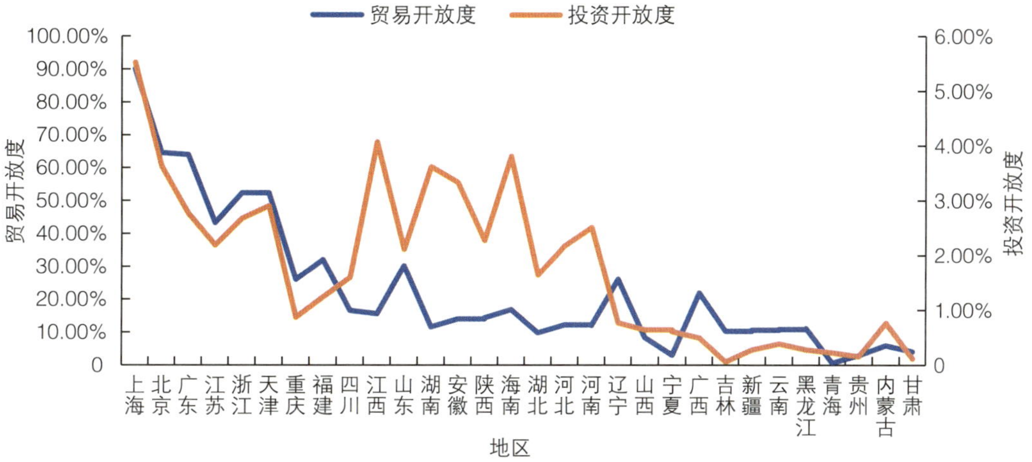

图5–45　贸易开放度与投资开放度

典型城市群评价

第六章

一、京津冀城市群（北京、天津、河北）

京津冀城市群作为全国创新驱动经济增长新引擎，区域战略科技实力相对雄厚，具备打造创新策源地的基础。“十三五”以来，京津冀城市群始终坚持创新引领，持续加大创新投入，不断加快协同创新步伐，促进创新资源共享集聚与优势互补，以更高标准提升发展质量，科技产业创新合作不断向纵深发展，优化以北京为核心，以天津、河北为两翼的科技创新体系，逐步形成了创新链、产业链、资金链和政策链有效结合的新布局。

（一）北京

北京坚持和强化国际科技创新中心的战略定位，以全球视野谋划科技创新，着力打造国家战略科技力量，全面实施创新驱动发展战略，强化科技创新主平台主阵地的引领作用，其科技创新国际化综合水平稳居全国第1位，在国际科技合作方面优势突出。根据测算，北京科技创新国际化指数各级指标排名如表6–1和图6–1所示。

表6-1 北京科技创新国际化指数各级指标排名

一级指标	排名	二级指标	排名	三级指标	排名
国际创新合作基础	1	科技创新实力	1	R&D 人员全时当量占地区从业人员比例	1
				全社会 R&D 投入强度	1
				受高等教育人员占比	1
				每万人发表科技论文数量	1
				每万名从业人员发明专利申请数量	1
				高技术产业新产品销售收入占主营业务比重	11
		技术市场活跃度	2	创业投资机构数量	3
				国家技术转移机构数量	1
				科技企业孵化器数量	7
				技术合同成交额	1
		创新合作载体	3	国家和地方国际科技合作基地数量	1
				高技术产业外资企业办研发机构数量	10
				规模（限额）以上企业中创新合作企业比例	13
创新要素跨国流动	1	人才要素	4	高新技术企业留学归国人员数量占年末从业人员总数比例	1
				高新技术企业外籍常驻人员数量占年末从业人员总数比例	7
				参加境外科技活动人数	4
		资金要素	1	国外资金占 R&D 经费内部支出比例	2
				对境外机构支出占 R&D 经费外部支出比例	13
				国家级国际科技合作项目经费投入	1
				各地区国际科技合作项目经费投入	1
		知识要素	1	国外主要检索工具收录我国科技论文数量	1
				国际专利申请数量占地区专利申请总数比例	1
		技术要素	1	国外技术引进合同金额	3
				国家技术转移机构促成国际技术转移项目成交金额	1
				ICT 服务出口占地区出口总额比例	1

续表

一级指标	排名	二级指标	排名	三级指标	排名
开放创新环境	2	区域发展水平	1	人均 GDP	1
				二三产业增加值占地区生产总值比例	1
				互联网宽带普及率	1
				万元地区生产总值能耗降低率	1
		制度环境	2	市场中介组织发育和法治环境	4
				政府与市场关系	11
				省会城市营商环境	2
		经济开放度	2	贸易开放度	2
				投资开放度	4

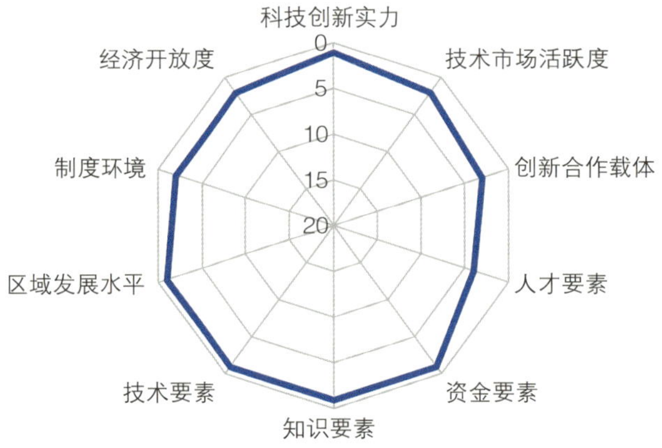

图6-1　北京科技创新国际化指数二级指标排名情况

北京总指标排名全国第 1 位。从具体指标看，北京国际创新合作基础与创新要素跨国流动均排名全国第 1 位，开放创新环境排名全国第 2 位，总体科技创新国际化水平在全国处于遥遥领先的地位。在国际基础创新合作方面，北京科技创新实力雄厚，全社会 R&D 投入、受高等教育人员占比与论文专利成果产出均在全国领先；在创新要素流动方面，资金、知识与技术要素跨国流动充分，国家级和各地区国际科技合作项目经费投入均为全国最高，国外主要检索工具收录我国科技论文数量、国际专利申请数量占地区专利申请总数比例、国家技术转移机构促成国际技术转移项目成交金额和 ICT 服务出口占地区出口总额的比例均为全国最高；在开放创新环境方面，区域发展水平各项子指标均排在全国首位。相对地，北京创新合作载体数量有待进一步增加，人才要素跨国流动方面仍有提升空间，制度环境和经济开放度需要持续优化。

（二）天津

天津作为承担推进京津冀协同发展、服务“一带一路”建设等重大国家战略任务的城市，坚持科技创新在现代化建设全局中的核心地位，深入实施创新驱动发展战略，加快更高水平创新型城市建设，着力打造自主创新重要源头和原始创新主要策源地。“十三五”以来，天津发挥独特的区位、产业、港口、交通等优势，科技创新能力明显提高，改革开放不断深化，科技创新支撑引领经济社会发展成效显著。根据测算，天津科技创新国际化指数各级指标排名如表6–2和图6–2所示。

表6–2 天津科技创新国际化指数各级指标排名

一级指标	排名	二级指标	排名	三级指标	排名
国际创新合作基础	7	科技创新实力	3	R&D 人员全时当量占地区从业人员比例	4
				全社会 R&D 投入强度	3
				受高等教育人员占比	3
				每万人发表科技论文数量	3
				每万名从业人员发明专利申请数量	4
				高技术产业新产品销售收入占主营业务比重	17
		技术市场活跃度	12	创业投资机构数量	11
				国家技术转移机构数量	15
				科技企业孵化器数量	18
				技术合同成交额	10
		创新合作载体	10	国家和地方国际科技合作基地数量	5
				高技术产业外资企业办研发机构数量	12
				规模（限额）以上企业中创新合作企业比例	22
创新要素跨国流动	9	人才要素	12	高新技术企业留学归国人员数量占年末从业人员总数比例	5
				高新技术企业外籍常驻人员数量占年末从业人员总数比例	16
				参加境外科技活动人数	27
		资金要素	3	国外资金占 R&D 经费内部支出比例	6
				对境外机构支出占 R&D 经费外部支出比例	2
				国家级国际科技合作项目经费投入	8
				各地区国际科技合作项目经费投入	20
		知识要素	17	国外主要检索工具收录我国科技论文数量	12
				国际专利申请数量占地区专利申请总数比例	25

续表

一级指标	排名	二级指标	排名	三级指标	排名
创新要素跨国流动	9	技术要素	8	国外技术引进合同金额	9
				国家技术转移机构促成国际技术转移项目成交金额	8
				ICT 服务出口占地区出口总额比例	4
开放创新环境	6	区域发展水平	4	人均 GDP	5
				二三产业增加值占地区生产总值比例	3
				互联网宽带普及率	4
				万元地区生产总值能耗降低率	7
		制度环境	9	市场中介组织发育和法治环境	6
				政府与市场关系	7
				省会城市营商环境	12
		经济开放度	4	贸易开放度	5
				投资开放度	7

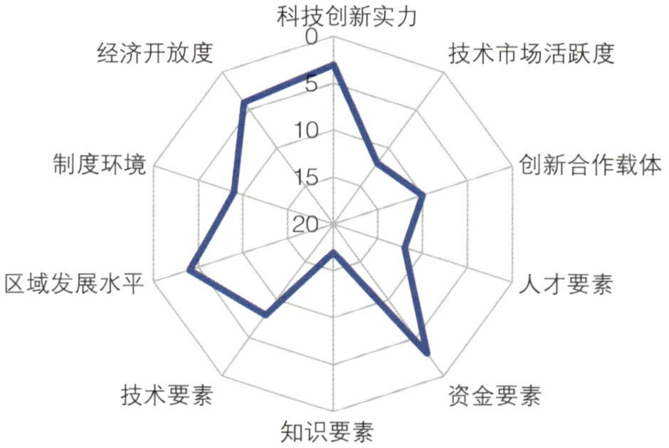

图6-2 天津科技创新国际化指数二级指标排名情况

天津总指标排名全国第 7 位。从具体指标看，天津的开放创新环境、国际创新合作基础、创新要素跨国流动三方面发展均衡，分列全国第 6 位、第 7 位、第 9 位，呈现相对优势。在开放创新环境方面，天津区域发展水平和经济开放度较高，二三产业增加值占地区生产总值比例较高，贸易、投资开放度排名均相对靠前；在国际创新合作基础方面，天津科技创新实力优势明显，全社会 R&D 投入强度、受高等教育人员占比、每万人发表科技论文数量、每万名从业人员发明专利申请数量均显示出较强实力；在创新要素跨国流动方面，资金要素跨国流动较为充分，国外资金占 R&D 经费内部支出比例、对境外机构支出占 R&D 经费外部支出比例均较高。然而，天津在人才要素、知识要素和技术要素的跨国流动方面还有提升空间，技术市场活跃度方面还需进一步加强。

（三）河北

河北深入实施创新驱动发展战略，加快建设创新型省份和科技强省，坚持以科技创新催生新发展动能。“十三五”以来，河北大力实施科技创新三年行动计划，着力提升区域创新能力和科技开放合作能力，在京津冀协同发展中提升创新资源承接能力，统筹利用国际、国内两个向度创新资源，积极融入全球创新生态圈，科技综合水平持续提升，创新体系逐步健全，创新生态不断优化，创新支撑不断增强。根据测算，河北科技创新国际化指数各级指标排名如表 6–3 和图 6–3 所示。

表6–3　河北科技创新国际化指数各级指标排名

一级指标	排名	二级指标	排名	三级指标	排名
国际创新合作基础	12	科技创新实力	21	R&D 人员全时当量占地区从业人员比例	20
				全社会 R&D 投入强度	16
				受高等教育人员占比	24
				每万人发表科技论文数量	28
				每万名从业人员发明专利申请数量	21
				高技术产业新产品销售收入占主营业务比重	9
		技术市场活跃度	11	创业投资机构数量	21
				国家技术转移机构数量	11
				科技企业孵化器数量	5
				技术合同成交额	14
		创新合作载体	8	国家和地方国际科技合作基地数量	4
				高技术产业外资企业办研发机构数量	13
				规模（限额）以上企业中创新合作企业比例	16
创新要素跨国流动	24	人才要素	20	高新技术企业留学归国人员数量占年末从业人员总数比例	24
				高新技术企业外籍常驻人员数量占年末从业人员总数比例	12
				参加境外科技活动人数	15

续表

一级指标	排名	二级指标	排名	三级指标	排名
创新要素跨国流动	24	资金要素	25	国外资金占 R&D 经费内部支出比例	25
				对境外机构支出占 R&D 经费外部支出比例	15
				国家级国际科技合作项目经费投入	26
				各地区国际科技合作项目经费投入	27
		知识要素	21	国外主要检索工具收录我国科技论文数量	19
				国际专利申请数量占地区专利申请总数比例	22
		技术要素	22	国外技术引进合同金额	16
				国家技术转移机构促成国际技术转移项目成交金额	21
				ICT 服务出口占地区出口总额比例	23
开放创新环境	17	区域发展水平	20	人均 GDP	26
				二三产业增加值占地区生产总值比例	19
				互联网宽带普及率	21
				万元地区生产总值能耗降低率	8
		制度环境	19	市场中介组织发育和法治环境	13
				政府与市场关系	14
				省会城市营商环境	24
		经济开放度	14	贸易开放度	17
				投资开放度	13

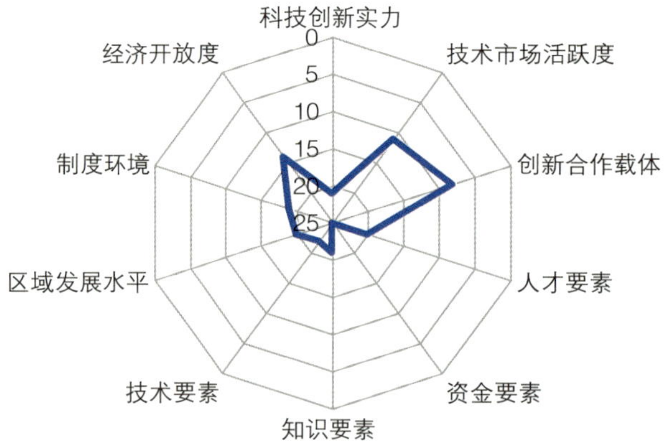

图6–3 河北科技创新国际化指数二级指标排名情况

河北总指标排名全国第 19 位。从具体指标看，河北国际创新合作基础较为扎实，在全国排名第 12 位；科技企业孵化器数量较高、国家和地方国际科技合作基地数量排在全国前 10 位。然而，河北在开放创新环境方面排名中下游，除万元地区生产总值能耗降低率排名较高外，其他指标均有待提高；创新要素跨国流动方面相对落后，尤其是资金要素流动方面，国外资金占 R&D 经费内部支出比例、国家级和各地区国际科技合作项目经费投入均有待增加；另外，高新技术企业留学归国人员数量占年末从业人员总数比例有待提升。

二、长三角城市群（上海、江苏、浙江、安徽）

自 2018 年长三角一体化上升为国家战略以来，长三角地区三省一市积极加强协同创新，不断加强区域一体化机制体制改革创新，充分发挥上海科技创新中心在区域乃至全国的龙头带动作用，重复发掘利用苏浙皖各自创新优势和潜力，有序推进长三角科技创新共同体建设，推动长三角城市群从强劲的区域经济增长极向全球科技创新高地不断迈进。

（一）上海

当前，我国正进入迈向创新型国家前列的关键期。作为中国科技创新的排头兵，上海积极强化科技创新策源功能，深入贯彻落实建设“具有全球影响力的科技创新中心”的重要指示精神，积极营造开放包容的创新环境，以国际视野主动谋划科技创新，积极融入全球创新体系，为实现上海科创中心的“全球影响力”创造良好外部环境。据测算，上海科技创新国际化指数各级指标排名如表 6–4 和图 6–4 所示。

表6-4　上海科技创新国际化指数各级指标排名

一级指标	排名	二级指标	排名	三级指标	排名
国际创新合作基础	5	科技创新实力	2	R&D 人员全时当量占地区从业人员比例	2
				全社会 R&D 投入强度	2
				受高等教育人员占比	2
				每万人发表科技论文数量	2
				每万名从业人员发明专利申请数量	2
				高技术产业新产品销售收入占主营业务比重	23
		技术市场活跃度	6	创业投资机构数量	6
				国家技术转移机构数量	6
				科技企业孵化器数量	12
				技术合同成交额	7
		创新合作载体	9	国家和地方国际科技合作基地数量	16
				高技术产业外资企业办研发机构数量	5
				规模（限额）以上企业中创新合作企业比例	17
创新要素跨国流动	2	人才要素	2	高新技术企业留学归国人员数量占年末从业人员总数比例	2
				高新技术企业外籍常驻人员数量占年末从业人员总数比例	1
				参加境外科技活动人数	6
		资金要素	2	国外资金占 R&D 经费内部支出比例	1
				对境外机构支出占 R&D 经费外部支出比例	1
				国家级国际科技合作项目经费投入	3
				各地区国际科技合作项目经费投入	2
		知识要素	2	国外主要检索工具收录我国科技论文数量	3
				国际专利申请数量占地区专利申请总数比例	3
		技术要素	5	国外技术引进合同金额	2
				国家技术转移机构促成国际技术转移项目成交金额	6
				ICT 服务出口占地区出口总额比例	2
开放创新环境	1	区域发展水平	2	人均 GDP	2
				二三产业增加值占地区生产总值比例	1
				互联网宽带普及率	2
				万元地区生产总值能耗降低率	2
		制度环境	1	市场中介组织发育和法治环境	1
				政府与市场关系	2
				省会城市营商环境	1
		经济开放度	1	贸易开放度	1
				投资开放度	1

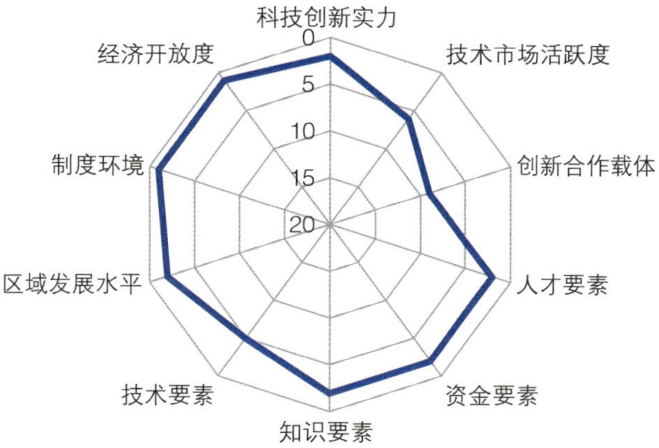

图6-4　上海科技创新国际化指数二级指标排名情况

上海总指标居全国第 2 位，在全国排名仅次于北京。上海在开放创新环境和创新要素跨国流动两个维度具有显著优势，分别排在全国首位和次席；国际创新合作基础维度排名全国第 5 位。

从具体指标看，上海绝大部分指标在全国处于遥遥领先的地位，但仍存在相对落后的指标。例如，高技术产业新产品销售收入占主营业务比重排在全国第 23 位，表明上海在高新技术产品销售方面存在较大的发展空间；另外，国家和地方国际科技合作基地数量和规模（限额）以上企业中创新合作企业比例分别排在第 16 位、第 17 位，表明上海创新合作载体规模仍待提升。

（二）江苏

江苏一直高度重视开放创新，围绕产业升级发展需求和“具有全球影响力的产业科技创新中心”建设，依托和整合高水平研究型大学、科研机构和科技领军企业力量，广泛配置全球创新资源，积极融入全球创新网络，在持续提升自主创新能力的同时不断推进国际科技交流与合作，推动其创新国际化水平走在全国前列。据测算，江苏科技创新国际化指数各级指标排名如表 6–5 和图 6–5 所示。

表6-5 江苏科技创新国际化指数各级指标排名

一级指标	排名	二级指标	排名	三级指标	排名
国际创新合作基础	2	科技创新实力	4	R&D 人员全时当量占地区从业人员比例	5
				全社会 R&D 投入强度	5
				受高等教育人员占比	5
				每万人发表科技论文数量	5
				每万名从业人员发明专利申请数量	3
				高技术产业新产品销售收入占主营业务比重	7
		技术市场活跃度	1	创业投资机构数量	2
				国家技术转移机构数量	2
				科技企业孵化器数量	2
				技术合同成交额	3
		创新合作载体	2	国家和地方国际科技合作基地数量	11
				高技术产业外资企业办研发机构数量	2
				规模（限额）以上企业中创新合作企业比例	3
创新要素跨国流动	3	人才要素	1	高新技术企业留学归国人员数量占年末从业人员总数比例	6
				高新技术企业外籍常驻人员数量占年末从业人员总数比例	2
				参加境外科技活动人数	1
		资金要素	4	国外资金占 R&D 经费内部支出比例	5
				对境外机构支出占 R&D 经费外部支出比例	4
				国家级国际科技合作项目经费投入	5
				各地区国际科技合作项目经费投入	8
		知识要素	3	国外主要检索工具收录我国科技论文数量	2
				国际专利申请数量占地区专利申请总数比例	17
		技术要素	4	国外技术引进合同金额	4
				国家技术转移机构促成国际技术转移项目成交金额	3
				ICT 服务出口占地区出口总额比例	3

续表

一级指标	排名	二级指标	排名	三级指标	排名
开放创新环境	4	区域发展水平	3	人均 GDP	3
				二三产业增加值占地区生产总值比例	6
				互联网宽带普及率	5
				万元地区生产总值能耗降低率	6
		制度环境	5	市场中介组织发育和法治环境	3
				政府与市场关系	1
				省会城市营商环境	7
		经济开放度	8	贸易开放度	6
				投资开放度	12

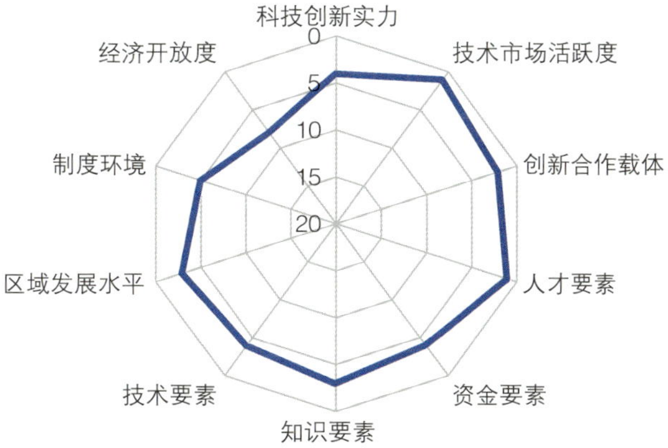

图6-5　江苏科技创新国际化指数二级指标排名情况

江苏总指标排名全国第 3 位，仅次于北京和上海。国际创新合作基础、创新要素跨国流动指标排在全国前三，开放创新环境指标排名第 4 位。

从具体指标看，江苏参加境外科技活动人数排在全国第 1 位，这得益于江苏具有密集的高校及科研院所等智力资源；政府与市场关系也排在全国首位，表明政府在服务企业、打造良好的情亲政企关系方面成绩突出。从二级指标看，江苏的经济开放度仍有提升空间；从三级指标看，国家和地方国际科技合作基地数量排在全国第 11 位，国际专利申请数量占地区专利申请总数比例排在全国第 17 位，反映江苏国际科技常态化合作机制和知识产权国际化水平仍存在较大的发展空间和潜力，尤其在大国博弈和“一带一路”的建设背景下，这两方面能力亟待大幅提高。

（三）浙江

浙江围绕高水平创新型省份和科技强省建设的目标，着力构建科技开放合作新格局，积极推进科技惠企政策扎实落地，不断加强科技创新领域开放合作，加快构建全省国际科技合作载体体系，着力提升全省创新国际化水平。据测算，浙江科技创新国际化指数各级指标排名如表 6–6 和图 6–6 所示。

表6–6　浙江科技创新国际化指数各级指标排名

一级指标	排名	二级指标	排名	三级指标	排名
国际创新合作基础	4	科技创新实力	5	R&D 人员全时当量占地区从业人员比例	3
				全社会 R&D 投入强度	6
				受高等教育人员占比	10
				每万人发表科技论文数量	8
				每万名从业人员发明专利申请数量	5
				高技术产业新产品销售收入占主营业务比重	3
		技术市场活跃度	3	创业投资机构数量	1
				国家技术转移机构数量	5
				科技企业孵化器数量	3
				技术合同成交额	8
		创新合作载体	4	国家和地方国际科技合作基地数量	6
				高技术产业外资企业办研发机构数量	3
				规模（限额）以上企业中创新合作企业比例	1
创新要素跨国流动	6	人才要素	8	高新技术企业留学归国人员数量占年末从业人员总数比例	8
				高新技术企业外籍常驻人员数量占年末从业人员总数比例	6
				参加境外科技活动人数	13
		资金要素	7	国外资金占 R&D 经费内部支出比例	17
				对境外机构支出占 R&D 经费外部支出比例	6
				国家级国际科技合作项目经费投入	4
				各地区国际科技合作项目经费投入	6
		知识要素	6	国外主要检索工具收录我国科技论文数量	8
				国际专利申请数量占地区专利申请总数比例	8
		技术要素	7	国外技术引进合同金额	5
				国家技术转移机构促成国际技术转移项目成交金额	7
				ICT 服务出口占地区出口总额比例	9

续表

一级指标	排名	二级指标	排名	三级指标	排名
开放创新环境	5	区域发展水平	6	人均 GDP	6
				二三产业增加值占地区生产总值比例	4
				互联网宽带普及率	3
				万元地区生产总值能耗降低率	29
		制度环境	6	市场中介组织发育和法治环境	5
				政府与市场关系	4
				省会城市营商环境	6
		经济开放度	5	贸易开放度	4
				投资开放度	9

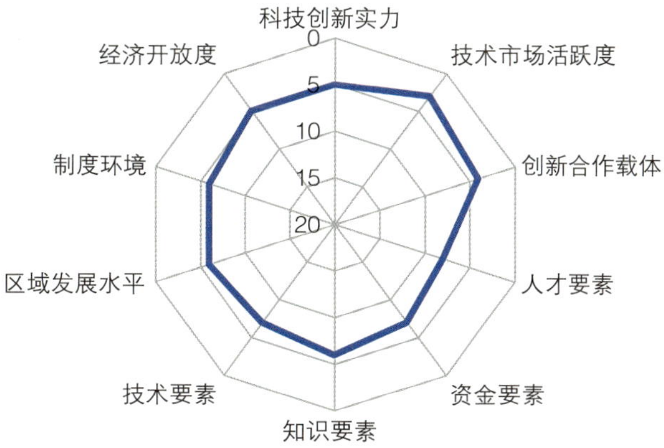

图6-6　浙江科技创新国际化指数二级指标排名情况

浙江总指标排名全国第 5 位。国际创新合作基础、创新要素跨国流动、开放创新环境三个维度发展相对均衡，各维度指标均排在全国第 4 ~ 6 位。

从具体指标看，创业投资机构数量、规模（限额）以上企业中创新合作企业比例两项指标排在全国首位，一方面表示浙江拥有良好的创新创业氛围和风险投资环境，能为中小企业创新创业提供优越的支撑条件；另一方面反映出浙江规模以上大企业也十分注重开放交流和创新合作。国外资金占 R&D 经费内部支出比例排在全国第 17 位，这表明浙江研发过程中的外资参与度并不高，有待进一步提升。值得关注的是，万元地区生产总值能耗降低率排名全国第 29 位，这主要是由浙江作为典型的经济大省和能源小省的自身特点决定的。2020 年浙江一次能源资源自给率只有 7%，原因在于部分高耗能企业社会责任承担不够，存在走发展高耗能项目的老路，未能统筹处理好产业结构调整与绿色低碳转型的协同关系，未来需要浙江政府、企业和社会共同努力予以解决其发展高耗能的问题。

（四）安徽

安徽依托合肥国家科学中心城市，努力加速“全国具有重要影响力的科技创新策源地和创新型省份”建设，积极开展各类对外科技合作活动，不断加大国际科技合作与交流力度，创新国际化水平得到显著的提升，在我国科技创新国际化版图中占有举足轻重的地位。据测算，安徽科技创新国际化指数各级指标排名如表 6–7 和图 6–7 所示。

表6–7　安徽科技创新国际化指数各级指标排名

<table>
<tr><th>一级指标</th><th>排名</th><th>二级指标</th><th>排名</th><th>三级指标</th><th>排名</th></tr>
<tr><td rowspan="13">国际创新合作基础</td><td rowspan="13">10</td><td rowspan="6">科技创新实力</td><td rowspan="6">9</td><td>R&D 人员全时当量占地区从业人员比例</td><td>10</td></tr>
<tr><td>全社会 R&D 投入强度</td><td>10</td></tr>
<tr><td>受高等教育人员占比</td><td>22</td></tr>
<tr><td>每万人发表科技论文数量</td><td>18</td></tr>
<tr><td>每万名从业人员发明专利申请数量</td><td>7</td></tr>
<tr><td>高技术产业新产品销售收入占主营业务比重</td><td>4</td></tr>
<tr><td rowspan="4">技术市场活跃度</td><td rowspan="4">10</td><td>创业投资机构数量</td><td>9</td></tr>
<tr><td>国家技术转移机构数量</td><td>12</td></tr>
<tr><td>科技企业孵化器数量</td><td>8</td></tr>
<tr><td>技术合同成交额</td><td>12</td></tr>
<tr><td rowspan="3">创新合作载体</td><td rowspan="3">11</td><td>国家和地方国际科技合作基地数量</td><td>12</td></tr>
<tr><td>高技术产业外资企业办研发机构数量</td><td>8</td></tr>
<tr><td>规模（限额）以上企业中创新合作企业比例</td><td>2</td></tr>
<tr><td rowspan="3">创新要素跨国流动</td><td rowspan="3">14</td><td rowspan="3">人才要素</td><td rowspan="3">18</td><td>高新技术企业留学归国人员数量占年末从业人员总数比例</td><td>20</td></tr>
<tr><td>高新技术企业外籍常驻人员数量占年末从业人员总数比例</td><td>18</td></tr>
<tr><td>参加境外科技活动人数</td><td>9</td></tr>
</table>

续表

一级指标	排名	二级指标	排名	三级指标	排名
创新要素跨国流动	14	资金要素	12	国外资金占 R&D 经费内部支出比例	4
				对境外机构支出占 R&D 经费外部支出比例	18
				国家级国际科技合作项目经费投入	14
				各地区国际科技合作项目经费投入	13
		知识要素	13	国外主要检索工具收录我国科技论文数量	14
				国际专利申请数量占地区专利申请总数比例	7
		技术要素	16	国外技术引进合同金额	12
				国家技术转移机构促成国际技术转移项目成交金额	12
				ICT 服务出口占地区出口总额比例	19
开放创新环境	13	区域发展水平	22	人均 GDP	13
				二三产业增加值占地区生产总值比例	11
				互联网宽带普及率	24
				万元地区生产总值能耗降低率	26
		制度环境	13	市场中介组织发育和法治环境	9
				政府与市场关系	12
				省会城市营商环境	15
		经济开放度	10	贸易开放度	16
				投资开放度	6

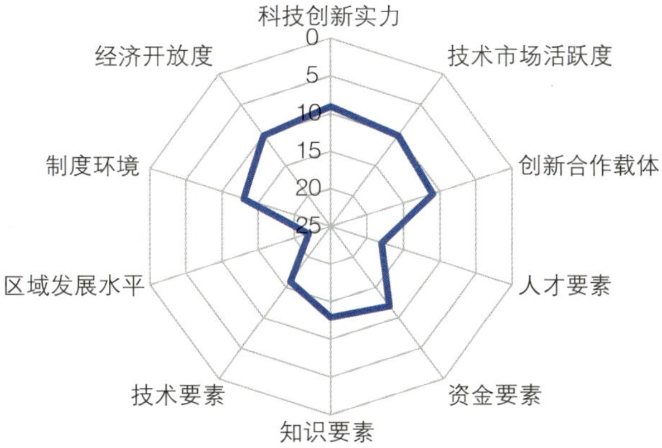

图6-7　安徽科技创新国际化指数二级指标排名情况

安徽总指标排名全国第 13 位，在全国处于中上游水平，与长三角城市群其他两省一市尚存在较大差距。安徽具有一定的国际创新合作基础，但在创新要素跨国流动和开放创新环境两个维度都具备较大的提升空间和潜力。

从具体指标看，规模（限额）以上企业中创新合作企业比例排在全国第 2 位，表明安徽规模以上企业在长三角地区乃至全国的创新合作交流方面走在前列。高技术产业新产品销售收入占主营业务比重居第 4 位，反映安徽高新技术产品具备良好的市场需求效应，在高新技术成果转移转化方面取得了不俗成绩；国外资金占 R&D 经费内部支出比例排在全国第 4 位，表明安徽的研发过程中包含较高的国际资本参与。与此同时，每万名从业人员发明专利申请数量、国际专利申请数量占地区专利申请总数比例等 7 项指标也进入前 10 位，在全国处于领先水平。受高等教育人员占比、万元地区生产总值能耗降低率排在全国第 20 位以后，这意味着安徽未来发展中要更加重视高等教育普及和绿色发展两个方面的工作。

三、粤港澳大湾区城市群（广东）

2019 年 2 月，中共中央、国务院印发《粤港澳大湾区发展规划纲要》，指出要构建开放型融合发展的区域协同创新共同体，打造高水平科技创新载体和平台，优化创新制度和政策环境，集聚国际创新资源，建设全球科技创新高地和新兴产业重要策源地，粤港澳大湾区城市群已成为中国科技创新国际化发展的重要战略支点。鉴于港澳数据统计口径不一致和缺失，本部分仅对广东科技创新国际化进行分析。

广东围绕建设更高水平的科技创新强省“一条主线”，立足粤港澳大湾区和深圳建设中国特色社会主义先行示范区“双区驱动”，突出国家重大需求、世界科技前沿等“七个聚焦、七个着力”，实施重大科技基础设施建设、实验室卓越能力建设等“科技创新十大重点行动计划”，在持续推动国际科技合作的基础上，进一步提出建设“广深港澳科技创新走廊”。根据测算，广东科技创新国际化指数各级指标排名如表 6–8 和图 6–8 所示。

表6-8 广东科技创新国际化指数各级指标排名

一级指标	排名	二级指标	排名	三级指标	排名
国际创新合作基础	3	科技创新实力	6	R&D 人员全时当量占地区从业人员比例	6
				全社会 R&D 投入强度	4
				受高等教育人员占比	13
				每万人发表科技论文数量	12
				每万名从业人员发明专利申请数量	6
				高技术产业新产品销售收入占主营业务比重	5
		技术市场活跃度	4	创业投资机构数量	4
				国家技术转移机构数量	3
				科技企业孵化器数量	1
				技术合同成交额	2
		创新合作载体	1	国家和地方国际科技合作基地数量	9
				高技术产业外资企业办研发机构数量	1
				规模（限额）以上企业中创新合作企业比例	6
创新要素跨国流动	4	人才要素	3	高新技术企业留学归国人员数量占年末从业人员总数比例	3
				高新技术企业外籍常驻人员数量占年末从业人员总数比例	5
				参加境外科技活动人数	2
		资金要素	8	国外资金占 R&D 经费内部支出比例	14
				对境外机构支出占 R&D 经费外部支出比例	11
				国家级国际科技合作项目经费投入	7
				各地区国际科技合作项目经费投入	7
		知识要素	7	国外主要检索工具收录我国科技论文数量	4
				国际专利申请数量占地区专利申请总数比例	15
		技术要素	3	国外技术引进合同金额	1
				国家技术转移机构促成国际技术转移项目成交金额	16
				ICT 服务出口占地区出口总额比例	18

续表

一级指标	排名	二级指标	排名	三级指标	排名
开放创新环境	3	区域发展水平	8	人均 GDP	7
				二三产业增加值占地区生产总值比例	5
				互联网宽带普及率	15
				万元地区生产总值能耗降低率	20
		制度环境	3	市场中介组织发育和法治环境	2
				政府与市场关系	3
				省会城市营商环境	3
		经济开放度	3	贸易开放度	3
				投资开放度	8

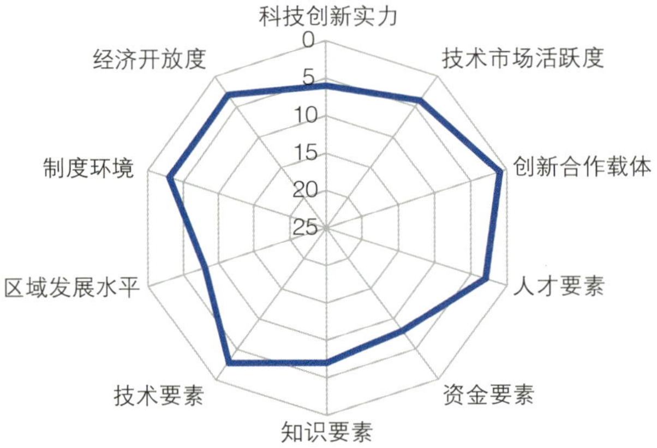

图6-8　广东科技创新国际化指数二级指标排名情况

广东总指标排名全国第 4 位。从具体指标看，广东的国际创新合作基础、创新要素跨国流动、开放创新环境 3 项一级指标均进入全国前五。从二级指标看，创新合作载体居全国第 1 位，其余 9 项二级指标也进入全国前 10 位，科技创新国际化水平总体表现优越。然而，广东仍有一些指标排名相对靠后，如万元地区生产总值能耗降低率排在全国第 20 位，与浙江发展类似，绿色发展成为广东未来科技创新国际化提升需要关注的焦点之一。国家技术转移机构促成国际技术转移项目成交金额、ICT 服务出口占地区出口总额比例分别排在第 16 位和第 18 位，这表明不论在高技术领域的产品贸易还是服务贸易，广东仍具有较大的提升空间和潜力。

四、成渝城市群（四川、重庆）

2020 年 1 月 3 日，中央财经委员会第六次会议提出“推动成渝地区双城经济圈建设”，“共建具有全国影响力的科技创新中心”是国家赋予成渝地区双城经济圈的新战略定位。目前，在成都和重庆两个极核的辐射带动下，成渝地区发展驶入快车道，科技实力显著增强，对外交往功能进一步强化，正在努力打造内陆开放战略高地和参与国际竞争的新基地，助推形成陆海内外联动、东西双向互济的对外开放新格局。

（一）四川

四川是支撑“一带一路”建设和长江经济带发展的战略纽带与核心腹地。“十三五”以来，四川坚持把发展基点放在创新上，坚定实施全面开放合作战略，创新引领发展能力持续增强，创新资源加快集聚，科技成果加速转化，“四向拓展、全域开放”新态势初具雏形，正在加快建设内陆开放战略高地。根据测算，四川科技创新国际化指数各级指标排名如表 6–9 和图 6–9 所示。

表6–9　四川科技创新国际化指数各级指标排名

<table>
<tr><th>一级指标</th><th>排名</th><th>二级指标</th><th>排名</th><th>三级指标</th><th>排名</th></tr>
<tr><td rowspan="13">国际创新合作基础</td><td rowspan="13">11</td><td rowspan="6">科技创新实力</td><td rowspan="6">19</td><td>R&D 人员全时当量占地区从业人员比例</td><td>17</td></tr>
<tr><td>全社会 R&D 投入强度</td><td>12</td></tr>
<tr><td>受高等教育人员占比</td><td>23</td></tr>
<tr><td>每万人发表科技论文数量</td><td>14</td></tr>
<tr><td>每万名从业人员发明专利申请数量</td><td>18</td></tr>
<tr><td>高技术产业新产品销售收入占主营业务比重</td><td>25</td></tr>
<tr><td rowspan="4">技术市场活跃度</td><td rowspan="4">9</td><td>创业投资机构数量</td><td>13</td></tr>
<tr><td>国家技术转移机构数量</td><td>7</td></tr>
<tr><td>科技企业孵化器数量</td><td>10</td></tr>
<tr><td>技术合同成交额</td><td>9</td></tr>
<tr><td rowspan="3">创新合作载体</td><td rowspan="3">13</td><td>国家和地方国际科技合作基地数量</td><td>13</td></tr>
<tr><td>高技术产业外资企业办研发机构数量</td><td>14</td></tr>
<tr><td>规模（限额）以上企业中创新合作企业比例</td><td>11</td></tr>
</table>

续表

一级指标	排名	二级指标	排名	三级指标	排名
创新要素跨国流动	8	人才要素	9	高新技术企业留学归国人员数量占年末从业人员总数比例	4
				高新技术企业外籍常驻人员数量占年末从业人员总数比例	10
				参加境外科技活动人数	11
		资金要素	6	国外资金占 R&D 经费内部支出比例	9
				对境外机构支出占 R&D 经费外部支出比例	20
				国家级国际科技合作项目经费投入	12
				各地区国际科技合作项目经费投入	3
		知识要素	8	国外主要检索工具收录我国科技论文数量	9
				国际专利申请数量占地区专利申请总数比例	12
		技术要素	9	国外技术引进合同金额	10
				国家技术转移机构促成国际技术转移项目成交金额	9
				ICT 服务出口占地区出口总额比例	6
开放创新环境	9	区域发展水平	10	人均 GDP	16
				二三产业增加值占地区生产总值比例	21
				互联网宽带普及率	10
				万元地区生产总值能耗降低率	16
		制度环境	7	市场中介组织发育和法治环境	11
				政府与市场关系	8
				省会城市营商环境	5
		经济开放度	16	贸易开放度	13
				投资开放度	16

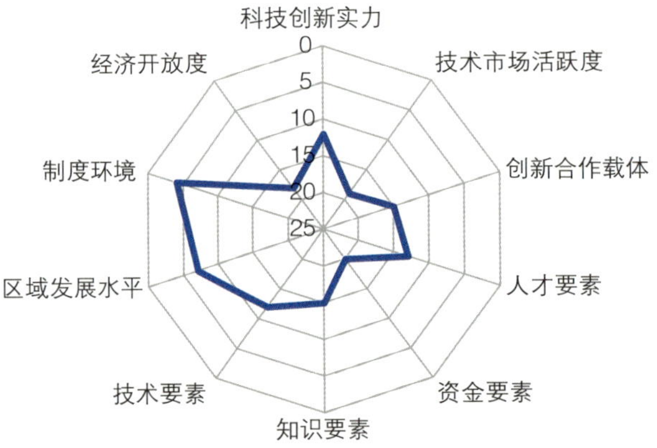

图6-9　四川科技创新国际化指数二级指标排名情况

四川总指标排名全国第 9 位。从具体指标看，四川创新要素跨国流动、开放创新环境排名均进入全国前十，尤其在资金要素、制度环境方面有一定优势。其中，四川各地区国际科技合作项目经费投入排名第 3 位，省会城市营商环境指数进入前五。四川的科技创新实力仍存在相对弱势，在受高等教育人员占比、高技术产业新产品销售收入占主营业务比重等方面进步空间较大。

（二）重庆

重庆作为我国中西部地区唯一直辖市，被国家赋予长江上游地区经济中心、西南地区综合交通枢纽和内陆开放高地等重要战略定位。“十三五”以来，重庆大力实施创新驱动发展战略，抓住成渝地区双城经济圈建设战略机遇，主动融入共建“一带一路”、长江经济带发展，区域创新能力持续提升，有力支撑“具有全国影响力的科技创新中心”建设。根据测算，重庆科技创新国际化指数各级指标排名如表6–10和图6–10所示。

表6–10　重庆科技创新国际化指数各级指标排名

一级指标	排名	二级指标	排名	三级指标	排名
国际创新合作基础	17	科技创新实力	12	R&D 人员全时当量占地区从业人员比例	8
				全社会 R&D 投入强度	14
				受高等教育人员占比	15
				每万人发表科技论文数量	11
				每万名从业人员发明专利申请数量	13
				高技术产业新产品销售收入占主营业务比重	19
		技术市场活跃度	19	创业投资机构数量	20
				国家技术转移机构数量	18
				科技企业孵化器数量	15
				技术合同成交额	22
		创新合作载体	15	国家和地方国际科技合作基地数量	20
				高技术产业外资企业办研发机构数量	11
				规模（限额）以上企业中创新合作企业比例	8

续表

一级指标	排名	二级指标	排名	三级指标	排名
创新要素跨国流动	15	人才要素	13	高新技术企业留学归国人员数量占年末从业人员总数比例	11
				高新技术企业外籍常驻人员数量占年末从业人员总数比例	11
				参加境外科技活动人数	24
		资金要素	20	国外资金占 R&D 经费内部支出比例	20
				对境外机构支出占 R&D 经费外部支出比例	12
				国家级国际科技合作项目经费投入	19
				各地区国际科技合作项目经费投入	18
		知识要素	15	国外主要检索工具收录我国科技论文数量	17
				国际专利申请数量占地区专利申请总数比例	10
		技术要素	12	国外技术引进合同金额	6
				国家技术转移机构促成国际技术转移项目成交金额	20
				ICT 服务出口占地区出口总额比例	20
开放创新环境	7	区域发展水平	7	人均 GDP	8
				二三产业增加值占地区生产总值比例	9
				互联网宽带普及率	12
				万元地区生产总值能耗降低率	3
		制度环境	4	市场中介组织发育和法治环境	7
				政府与市场关系	9
				省会城市营商环境	4
		经济开放度	18	贸易开放度	10
				投资开放度	18

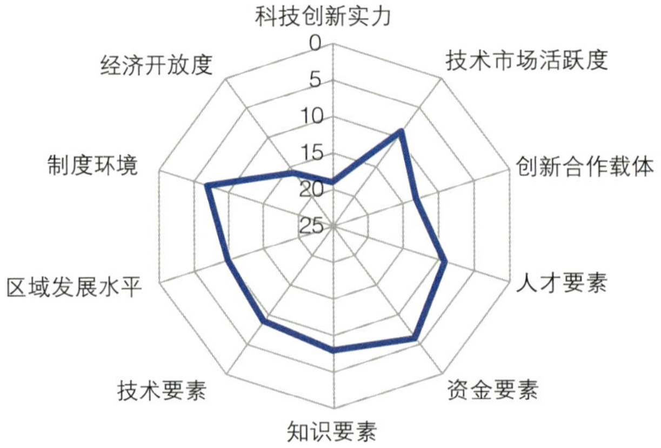

图6-10　重庆科技创新国际化指数二级指标排名情况

从具体指标看，重庆的开放创新环境相对优势明显，尤其是在制度环境方面，省会城市营商环境、市场中介组织发育和法治环境较为优越，市场中介组织发育较为健全。然而，重庆在国际创新合作基础、创新要素跨国流动两个维度还有较大提升空间，尤其是技术市场活跃度方面，创业投资机构数量、技术合同成交额有待提高；相对应的，重庆在资金要素流动方面，国外资金占 R&D 经费内部支出比例、国家级和各地区国际科技合作项目经费投入都有待提高。

五、城市群内部差异分析[①]

从中国城市群科技创新国际化发展水平看，长三角和京津冀城市群实力相当，总指数和各维度分指数均明显领先于成渝城市群（图 6-11）。从变异系数[②]看，三个城市群内部存在明显的差异性特征（图 6-12）：京津冀城市群变异系数最大，表明其科技创新国际化水平差异程度最大，北京总指数列全国第 1 位，而河北仅列第 19 位；成渝城市群变异系数最小，表明四川和重庆发展水平十分接近，总指数为第 9 位和第 11 位；长三角城市群变异系数介于京津冀和成渝城市群之间，三省一市发展水平总体比较协同，上海、江苏和浙江均位列全国前五，安徽科技创新国际化水平在长三角城市群中相对落后，仅排在全国第 13 位。

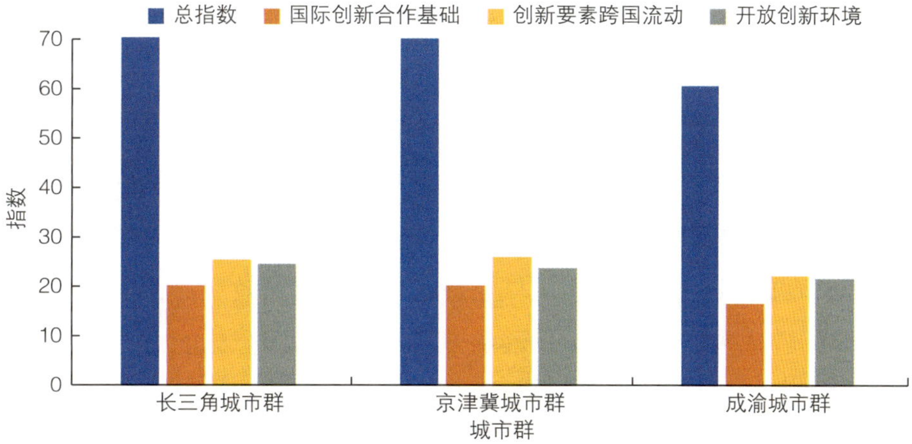

图6-11 典型城市群总指数及各维度科技创新国际化发展水平指数

① 因粤港澳大湾区城市群仅有广东 1 个省级行政区数据，因此不对其做城市群内部差异分析。

② 变异系数又称“离散系数”，是原始数据标准差与原始数据平均数的比，是概率分布离散程度的一个归一化量度。

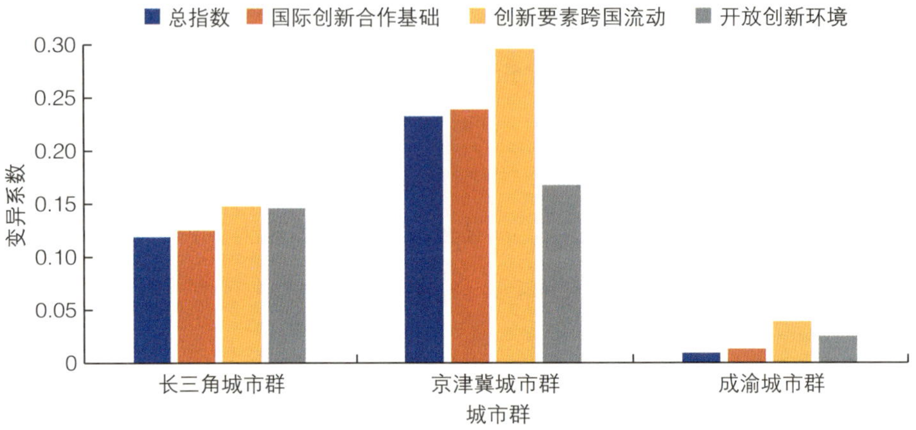

图6-12 典型城市群及各维度科技创新国际化发展水平变异系数

各城市群内部国际创新合作基础、创新要素跨国流动和开放创新环境三个维度的变异系数也不尽相同。创新要素跨国流动维度的变异系数最大，说明在每个城市群中创新要素跨国流动维度的差异对科技创新国际化水平差异性的贡献度最高；开放创新环境维度的贡献度次之；国际创新合作基础维度的贡献度最低，反映该维度内容在各城市群内部发展相对协调。

结合三个典型城市群科技创新国际化水平及其变异系数测度分析，可以将中国城市群的科技创新国际化划分为三种发展类型。其一，以京津冀城市群为代表的梯度发展型城市群，其特征表现为城市群科技创新国际化水平差异大，尽管少数城市发展水平很高，但其对整个城市群科技创新国际化的带动辐射效应不够，该类城市群未来发展应充分发挥龙头城市在科技创新国际化中的带动效应，加强内部协调和合作。其二，以长三角城市群为代表的协同联动型城市群，其特征表现为城市群总体科技创新国际化水平较高，内部各城市之间发展实力也比较接近，并且城市群内部创新合作联动性较强，该类城市群未来应着力强化区域创新合作网络协同效应，积极键入全球生产网络和创新网络，在未来城市群经济发展和区域科技创新国际化能力提升中具有重要的战略意义。其三，以成渝城市群为代表的互补合作型城市群，其特征表现为城市群内部各城市的科技创新国际化水平实力相当，但各维度存在明显的差异性，具有明显的互补互需特征。例如，四川在国际创新合作基础和创新要素跨国流动两个维度的表现要明显优于重庆，但在开放创新环境维度，重庆则更具有优势，加之两者地缘相近、人缘相亲、业缘相融，因此它们在科技创新国际化方面具有很大的合作潜力。

主要统计指标解释

附录一

1.R&D 人员全时当量：指全时人员数加非全时人员按工作量折算为全时人员数的总和。

2. 全社会 R&D 投入强度：指全社会 R&D 经费支出与地区生产总值之比。

3. 受高等教育人员占比：指拥有大学（大专及以上）文化程度的人口占总人口的比重。

4. 每万人发表科技论文数量：指 SCI 论文发表数量与万名人口之比。

5. 每万名从业人员发明专利申请数量：指发明专利申请量与万名就业人员之比，其中发明专利是指对产品、方法或者其改进所提出的新的技术方案，是国际通行的反映拥有自主知识产权技术的核心指标。

6. 高技术产业新产品销售收入占主营业务比重：指报告期企业销售新产品实现的销售收入占企业开展日常主要活动实现的总销售收入的百分比。其中，新产品是指采用新技术原理、新设计构思研制、生产的全新产品，或在结构、材质、工艺等某一方面比原有产品有明显改进，从而显著提高产品性能或扩大使用功能的产品。

7. 创业投资机构数量：包括创业投资企业（基金），以政府资金直接设立创业投资基金，或者采用引导基金方式参股的创业投资；创业投资管理企业，其受创业投资基金委托，筛选投资项目，提出投资决策建议，并受托进行投资后管理。

8. **国家技术转移机构数量：**指为推进全国技术转移一体化建设，根据《国家技术转移促进行动实施方案》和《国家技术转移示范机构管理办法》，在经国务院有关部门，各省、自治区、直辖市、计划单列市科技厅（委、局）推荐和专家评议后，由科学技术部确定并实行动态管理的技术转移机构示范机构。

9. **科技企业孵化器数量：**指以促进科技成果转化，培育科技企业和企业家精神为宗旨，提供物理空间、共享设施和专业化服务的科技创业服务机构。

10. **技术合同成交额：**指在技术市场管理办公室认定登记的技术合同（技术开发、技术转让、技术咨询、技术服务）的合同标的金额的总和。

11. **国家和地方国际科技合作基地数量：**指由科学技术部及其职能机构或省市级地方科技管理部门认定，在承担国家或地方国际科技合作任务中取得显著成绩、具有进一步发展潜力和引导示范作用的国内科技园区、科研院所、高等学校、创新型企业和科技中介组织等机构载体，包括国际创新园、国际联合研究中心、国际技术转移中心和示范型国际科技合作基地等不同类型。

12. **高技术产业外资企业办研发机构数量：**指报告期从事高技术密集型产业研究与开发的外商投资企业在中国境内设立独立或非独立运营的、具有自主研发能力的技术创新组织载体数量。

13. **规模（限额）以上企业中创新合作企业比例：**指报告期达到一定规模、资质或限额的企业总数中，开展过创新合作活动的企业数占比。

14. **高新技术企业留学归国人员数量占年末从业人员总数比例：**指按照《高新技术企业认定管理办法》获得认定的、在《国家重点支持的高新技术领域》内，持续进行研究开发与技术成果转化、形成企业核心自主知识产权、并以此为基础开展经营研究、在中国境内（不包括港、澳、台地区）注册的居民企业中，年末留学归国人员从业总数占年末从业人员总数的比例。

15. 高新技术企业外籍常驻人员数量占年末从业人员总数比例： 指按照《高新技术企业认定管理办法》获得认定的、在《国家重点支持的高新技术领域》内，持续进行研究开发与技术成果转化、形成企业核心自主知识产权、并以此为基础开展经营研究、在中国境内（不包括港、澳、台地区）注册的居民企业中，年末外籍常驻从业人员数量占年末从业人员总数的比例。

16. 参加境外科技活动人数： 指全国各级科协及两级学会组织参加的大陆境外（含港、澳、台地区）会议、展览、经贸、访问考察、科研、培训等科技活动的总人数。

17. 国外资金占 R&D 经费内部支出比例： 指国外资金与 R&D 经费内部支出的比值，其中 R&D 经费内部支出指调查单位用于内部开展 R&D 活动（基础研究、应用研究和试验发展）的实际支出，包括政府资金、企业资金、国外资金和其他资金。

18. 对境外机构支出占 R&D 经费外部支出比例： 指对境外机构支出与 R&D 经费外部支出的比值，其中 R&D 经费外部支出指报告年度调查单位委托外单位或与外单位合作进行 R&D 活动而拨给对方的经费，包括对境内研究机构支出、对境内高等学校支出、对境内企业支出和对境外机构支出。

19. 国家级国际科技合作项目经费投入： 指国家重点研发计划下“政府间国际科技创新合作”和“战略性国际科技创新合作”重点专项国拨经费规模。

20. 各地区国际科技合作项目经费投入： 指各省、自治区、直辖市、计划单列市及新疆生产建设兵团科技主管部门国际科技合作项目经费规模。

21. 国外主要检索工具收录我国科技论文数量： 指我国发表在 SCI、EI、CPCI-S 收录期刊上的科学研究成果数量。

22. 国际专利申请数量占地区专利申请总数比例： 指国际 PCT 专利申请数量与地区专利申请总数的比值。

23. 国外技术引进合同金额： 是指在中华人民共和国境内的公司、企业、团体或个人（受方）为引进技术同中华人民共和国境外的公司、企业、团体或个人（供方）订立的明确相互权利义务关系的协议中规定的总金额。

24. **国家技术转移机构促成国际技术转移项目成交金额：** 指根据《国家技术转移促进行动实施方案》和《国家技术转移示范机构管理办法》认定的机构中，全年促成的国际技术转移项目的成交总额。

25. **ICT 服务出口占地区出口总额比例：** 指信息和通信技术（ICT）服务出口总额占地区出口总额的比重。

26. **互联网宽带普及率：** 指互联网宽带接入端口与年末人口数之比，其中互联网宽带接入端口指用于接入互联网用户的各类实际安装运行的接入端口的数量，包括 xDSL 用户接入端口、LAN 接入端口、其他类型接入端口等，不包括窄带拨号接入端口。

27. **万元地区生产总值能耗降低率：** 指该地区本年万元生产总值能耗相比上年万元生产总值能耗下降的比例，间接反映本年度各项节能政策措施的效果。计算公式为：万元地区生产总值能耗降低率（±%）＝（本年该地区万元生产总值能耗／上年该地区万元生产总值能耗 −1）×100%。计算结果为负数，表示该地区万元生产总值能耗为下降；计算结果为正数，表示该地区万元生产总值能耗为上升。万元生产总值能耗也称单位生产总值能耗（吨标准煤／万元），可直接反映经济发展对能源的依赖程度，计算公式为：万元生产总值能耗（吨标准煤／万元）＝能源消费总量（吨标准煤）／国内（地区）生产总值（万元）。

28. **市场中介组织发育和法治环境：** 参照王小鲁、胡李鹏、樊纲 2021 年研究成果，市场中介组织发育和法治环境包括市场中介组织的发育、维护市场的法治环境、知识产权保护等三个分项指数，其中市场中介组织的发育又包括律师、会计师等市场中介组织服务条件和行业协会对企业的帮助程度两项二级分项指数。

29. **政府与市场关系：** 参照王小鲁、胡李鹏、樊纲 2021 年研究成果，政府与市场关系包括市场分配经济资源的比重、减少政府对企业的干预、缩小政府的规模等三个分项指数。

30. **省会城市营商环境：**指市场主体在准入、生产经营、退出等过程中涉及的政务环境、市场环境、法治环境、人文环境等有关外部因素和条件的总和。

31. **贸易开放度：**指进出口贸易额与地区生产总值之比。

32. **投资开放度：**指外国直接投资额（FDI）及对外直接投资（OFDI）之和与地区生产总值的比值。

附录二 数据来源

[1] 国家统计局社会科技和文化产业统计司、科学技术部战略规划司《中国科技统计年鉴 2021》

[2] 国家统计局社会科技和文化产业统计司 《中国高技术产业统计年鉴 2021》

[3] 科学技术部火炬高技术产业开发中心 《中国火炬统计年鉴 2021》

[4] 中国科学技术发展战略研究院 《中国创业投资发展报告 2021》

[5] 科学技术部国际合作司、科学技术部评估中心 《中国国际科技创新合作报告（2020—2021）》

[6] 国家统计局 《各地区第七次人口普查公报》

[7] 国家统计局 《中国贸易外经统计年鉴 2021》

[8] 国家统计局 《中国区域经济统计年鉴 2021》

[9] 国家统计局 《中国统计年鉴 2021》

[10] 中国科学技术协会 《中国科学技术协会统计年鉴 2020》

[11] 粤港澳大湾区研究院 《2020 年中国 296 个城市营商环境报告》

[12] 王小鲁、胡李鹏、樊纲 《中国分省份市场化指数报告 2021》

[13] 万得（Wind）信息网（https://www.wind.com.cn/）

[14] EPS 数据平台（https://www.epsnet.com.cn/index.html#/Index）

[15] 产业信息网（https://www.chyxx.com/top/202112/989580.html）

[16] Web of Science 科研数据平台

[17] 国家知识产权局（https://www.cnipa.gov.cn/）

[18] iFind 金融数据终端（PC 终端）